Super Omnia Bonae Voluntatis

A missão da Donzela

ELOGIOS para *A missão da Donzela*

"Joana contrariou as probabilidades de maneira tão flagrante que nenhum fato é suficiente para explicar sua trajetória."
— Mary Gordon
Joan of Arc

"O que pode dizer um historiador sobre este conto quase inacreditável de uma camponesa analfabeta que alterou o curso da história, intimidou reis, superou generais e se elevou acima das capacidades humanas até a santidade?"
— Morris Bishop
The Middle Ages

"Ela executou sua tarefa com um enorme risco físico, tanto para sua virgindade quanto para sua vida, e com um risco considerável de perder tanto sua reputação quanto sua influência… No entanto, Joana não se intimidou com o perigo ou a calúnia, precisamente por causa de sua confiança em Deus como capitão e líder."
— Donald Spoto
Joan: The Mysterious Life of the Heretic Who Became a Saint

"Ao final da primavera de 1429, a vitória inglesa parecia próxima, senão inevitável. Foi nesse momento que entrou em cena Joana, a Donzela. Para o espanto de todos, ela inspirou a libertação de Orleans e conduziu o Delfim Carlos a Reims para sua unção e coroação."
— Régine Pernoud and Marie-Véronique Clin
Joan of Arc: Her Story

"Mas suponhamos por um momento que a carta original tenha chegado a Bedford. Como ela o teria impactado? . . . Os ingleses, exceto na sua poesia, não são um povo imaginativo: no campo da política prática, tendem a confiar mais na força do que na imaginação, um método que funciona noventa e nove vezes em cada cem. Joana foi a centésima."
— Vita Sackville-West
Saint Joan of Arc

A missão da Donzela

A história heroica de Joana d'Arc

Irmão Emmanuel Labrise, O.S.B.

Um herói é escolhido

Livro Dois

Saint Joseph Books

Saint Joseph Books
Saint Benedict, LA

Título em inglês: *Mission of the Maiden: The Hero Story of Joan of Arc*
Tradução: Aline Paulino
Ilustrações internas: Izabela Ciesinska
Mapas: John Labrise
Capa: Sam Wall

Imagem da capa: *Joana d'Arc no cerco de Orleans,*
por Jules-Eugène Lenepveu (1819–1898), pintado entre 1886 e 1890
(commons.wikimedia.org/wiki/File:Lenepveu,_Jeanne_d%27Arc_au_si%C3%A8ge_d%27Orl%
C3%A9ans.jpg).

ISBN 978-1-963123-31-9 (capa dura)
ISBN 978-1-963123-32-6 (brochura)
ISBN 978-1-963123-33-3 (publicação eletrônica)

As citações bíblicas utilizadas nesta obra foram retiradas da Bíblia Sagrada Ave-Maria, publicada pela Editora Ave-Maria. Todos os direitos reservados.
Versão online: claretianos.com.br/biblia-ave-maria-online/

Todos os esforços foram feitos da minha parte para entrar em contato com todos os detentores de direitos autorais.

Primeira impressão em 2025.

Sumário

Parte 1: Contexto histórico

Parte 2: A missão da Donzela

Introdução à série

Reflexões de um monge incomum é o primeiro livro da série *Um herói é escolhido* e serve como sua base espiritual e moral. A partir do segundo livro, *A missão da Donzela*, todas as histórias se baseiam nos tópicos e temas introduzidos em *Reflexões de um monge incomum*. O objetivo principal desta série é transmitir princípios espirituais cristãos e ensinar virtudes morais no contexto da história de um santo-herói.

Aqui, devemos observar o conceito central e os temas predominantes em cada livro, começando com *A missão da Donzela*. Cada livro, seja ele histórico ou de ficção, conta a história de um ou mais santos-heróis chamados por Deus para uma determinada vocação e escolhidos por Ele para cumprir uma missão pessoal. O contexto histórico é essencial. Uma boa parte de cada livro é dedicada a situar o protagonista em seu contexto histórico, no qual lhe é oferecida uma oportunidade de realizar uma tarefa ou um conjunto de tarefas e enfrentar um evento ou um conjunto de eventos que o qualificam para a santidade heroica. Em todos os casos, exceto o de Remmy Kimm, que aparece no conto de ficção *Uma história vocacional nunca contada,* isso ocorre durante a última parte de suas vidas, às vezes durando anos ou somente um dia. O intervalo de tempo é menos importante do que o evento heroico ou o momento heroico em si. Alguém pode se tornar um santo-herói através de um único ato heroico no final de sua vida ou através de uma vida inteira de serviço abnegado. Dom Tom Mo, o outro protagonista de *Uma história vocacional nunca contada*, foi chamado a sacrificar sua própria vida pelos passageiros a bordo de sua espaçonave, no período de poucas horas. Remmy Kimm, por outro lado, foi chamada a anos de serviço missionário e a sobreviver a uma experiência quase mortal. Ambos são mártires, um vermelho (sangue, morte) e a outra branca (serviço abnegado aos outros).

Também menos importante do que o evento heroico e o momento heroico é a posição que alguém ocupa na vida quando é chamado. Joana d'Arc foi chamada do anonimato para uma missão pública que durou menos de um ano e culminou com sua execução na fogueira, como uma herege. Thomas More foi chamado da proeminência a sacrificar seu alto cargo na sociedade inglesa e até mesmo sua vida por lealdade à fé que professara. Jesus de Nazaré também foi chamado do anonimato para um ministério público que durou cerca de três anos e culminou em sua crucificação. O evento heroico e o momento heroico também ofuscam quaisquer competências ou ativos que alguém possua quando é chamado. Com a possível exceção de São Thomas More, todas são histórias de desfavorecidos.

Uma segunda observação deve ser feita sobre onde esses livros se encaixam no âmbito da literatura. Na minha opinião, nenhum dos livros desta série, seja histórico ou de ficção, é, em sentido estrito, uma obra de biografia, história ou ficção, mesmo que contenham relatos biográficos, conteúdo histórico ou de ficção. Muito menos são hagiografias, mesmo que tratem da vida de santos canonizados. Em vez disso, são histórias de santos-heróis existentes dentro do gênero da literatura cristã não ficcional.

Aqueles que apreciam o trabalho de Joseph Campbell, especialmente seu altamente influente *O herói de mil faces*, podem encontrar algo valioso nas páginas desses livros. No entanto, não tentei modelar os personagens fictícios com base em sua escrita, tampouco procurei recontar as histórias dessas pessoas históricas reais com base no trabalho de Campbell sobre mitos e figuras míticas. Sou mais atraído pelo arquétipo e comportamento arquetípico do santo-herói que está no fundo do inconsciente de cada pessoa humana, pelo menos se você for adepto da teoria junguiana. Esse arquétipo, como tantos outros, se manifesta em filmes, livros, arte e apresentações públicas de todas as épocas, desde a antiguidade até os filmes populares de hoje. É o arquétipo do santo-herói que serve de base psicológica para as histórias desta série.

Achei útil incluir um breve léxico de termos nos quais o leitor pode se concentrar. Contudo, não posso fornecer definições para cada um, pois há uma certa fluidez de significados, dependendo da vida de cada pessoa. Porém, pelo menos a menção a eles ajudará o leitor a conscientizar-se sobre os aspectos importantes de cada história, o assunto e a essência desta série. O léxico aparece na página a seguir.

Léxico de termos

1. Areias do tempo
2. Aventura heroica
3. Busca heroica
4. *Deus ex machina*
5. Evento heroico
6. Experiência culminante
7. Experiência no deserto
8. História heroica
9. Jornada de vida
10. Marés da história
11. Missão
12. Mistério
13. Momento heroico
14. Morte que conduz à eternidade
15. Oceanos de eternidade
16. Peregrinação
17. Peregrino
18. Propósito de vida
19. Purificação
20. Realização na vida
21. Recompensa
22. Santidade
23. Santidade pessoal
24. Santificação
25. Santo em formação
26. Santo-herói
27. Satisfação na vida
28. Sentido da vida
29. Sequência da missão
30. Valor na vida
31. Ventos de mudança
32. Viajante
33. Vocação

Livro Dois

A missão da Donzela

Introdução ao Livro Dois

Este pequeno e humilde livro é mais um entre os muitos títulos já publicados sobre Joana d'Arc. Não pretende adicionar nada de novo ao que já consta na literatura, mas oferecerá uma versão curta e acessível de sua vida em seu contexto histórico, bem como sua história heroica no contexto da série *Um herói é escolhido*.

A missão da Donzela trata de uma santa-heroína que conhecemos em português como "Joana d'Arc", mas não me refiro a ela por esse nome após a introdução da versão em português. Em seu julgamento, ela teria dito que era chamada de "Jehanette" ("Pequena Jehanne"[1]) pelos moradores de sua aldeia natal, Domrémy, mas que, ao deixar sua casa e viajar para outras partes da França para cumprir sua missão, passou a ser chamada de "Jehanne". Embora Joana tenha testemunhado em seu julgamento que seu pai se chamava "Jacques d'Arc", não há evidências de que fosse chamada de "Jehanne d'Arc" ("Joana d'Arc"). Pelo contrário, alguns relatos contemporâneos indicam que ela frequentemente se referia a si mesma e era conhecida pelo

---

[1] Pronuncia-se [ʒe'anɪ].

povo da França durante sua missão pública como "Jehanne la Pucelle" ("Joana, a Donzela", em português). Além disso, embora fosse analfabeta, aprendeu a escrever seu nome, e existem cartas ditadas por ela e assinadas de próprio punho como "Jehanne la Pucelle".

Em português, "la Pucelle" é frequentemente traduzido como "a Donzela" em referência à Joana. Interpretar o termo "la Pucelle" da forma como ela e seus contemporâneos o entendiam é fundamental para compreender a imagem que Joana tinha de si mesma, sua identidade pessoal e como era conhecida em sua época — isto é, como uma "jovem virgem solteira". Foi apenas depois de deixar Domrémy e iniciar sua missão que Joana adotou o título de "la Pucelle", como se estivesse deixando para trás uma identidade (a de camponesa habituada às tarefas e aos trabalhos típicos da vida em uma aldeia medieval) e assumindo outra (a jovem virgem que responde ao chamado de Deus e se torna soldado e comandante para lutar em nome do legítimo rei da França e expulsar os usurpadores ingleses). Junto com essa missão, veio uma nova identidade, um novo papel e um novo título: "la Pucelle".

A julgar pelos relatos das testemunhas que a conheciam em Domrémy e participaram de seu julgamento de reabilitação, as qualidades que Joana demonstrava como soldado e guerreira não eram evidentes quando era apenas uma camponesa. Algum tipo de transformação parece ter ocorrido, como quando Abrão partiu de Harã a mando de Deus e recebeu uma nova missão (tornar-se o Pai de uma grande nação) e um novo nome ("Abraão"), que correspondia a uma nova identidade. A outorga de um novo nome para acompanhar uma nova missão e identidade é comum nas Escrituras (por exemplo, "Jacó" se torna "Israel", "Simão" se torna "Pedro", "Saulo" se torna "Paulo"). Quando "Jehanette" deixou Domrémy, tornou-se "Jehanne la Pucelle" ("Joana, a Donzela") e nunca mais se ocupou das tarefas de camponesa de sua vida anterior.

Em português, o nome "Joana" não faz distinção entre "Jehanette, a camponesa e aldeã" e "Jehanne, a soldado-heroína-guerreira", mas é usado para designar sua identidade tanto *antes* quanto *depois* de sua partida de Domrémy. No entanto, pelas razões mencionadas acima, e especialmente no que se refere a esta série, parece apropriado fazer alguma distinção. Como a forma diminutiva de "Joana" ("Joaninha") jamais é usada em português para se referir à nossa Joana em questão, achei que essa distinção estaria mais bem refletida em seu título. Por isso, na narração de sua história, e a partir do momento em que ela inicia sua missão pública, refiro-me a ela como Joana, *la Pucelle* — um título que seus contemporâneos teriam reconhecido de imediato, interpretado corretamente e que preserva de forma inequívoca sua autoimagem e identidade.

Preservar essa distinção é ainda apropriado por outro motivo: ela não apenas reflete a transformação que ocorreu em Joana, mas também espelha a transformação que ocorreu em mim — e que espero ocorrer em todos os que lerem este livro. Joana é uma figura histórica famosa, e a maioria das pessoas sabe dizer algo sobre sua vida (por exemplo, que era uma camponesa francesa que se tornou cavaleira; que vestia armadura e carregava espada e estandarte; que foi queimada na fogueira por ajudar o rei da França contra os ingleses etc.). Esse era o limite do meu conhecimento sobre ela antes de pesquisar e escrever este livro. Porém, ao longo do último ano, desenvolvi um profundo respeito por Joana, que se transformou em veneração.

Ela estava longe de ser perfeita, mas tinha apenas dezenove anos quando foi martirizada e, durante sua breve vida, demonstrou um caráter e uma determinação admiráveis que, para a maioria de nós, seria difícil — senão impossível — simular. Fiquei profundamente impressionado com sua integridade e heroísmo, e minha esperança é que o leitor chegue à mesma admiração, caso ainda não a tenha. Uma transformação aconteceu dentro de mim: da "Joana como eu a conhecia antes" para a "Joana como eu a conheço agora" — uma transformação que espelha aquela que ocorreu nela durante sua vida terrena, da "Joana antes de sua vocação e missão" para "Joana, a santa-heroína que respondeu ao chamado de Deus".

Transformações podem ser vivenciadas em um momento específico, mas são, na maioria das vezes, um processo que se desenvolve com o tempo e, de certa forma, uma jornada. Espero que você encare este livro como uma jornada de crescimento espiritual que espelha a jornada de Joana rumo a Deus e à eternidade, e, como nos meus outros livros, espero que você aproveite as últimas páginas, reservadas para anotações e reflexões pessoais. Sobretudo, espero que ambas as transformações — (1) no nosso entendimento e admiração por Joana; e (2) no crescimento em virtude, que resulta de atender ao chamado à santidade — aconteçam em cada um de vocês.

~

Uma última observação: recordo ao leitor que este livro não é uma biografia no sentido estrito, mas sim um relato biográfico baseado em uma modesta quantidade de pesquisa, que pretende dar continuidade a *Reflexões de um monge incomum* e incorporar algumas das ideias e conceitos do livro anterior. *A missão da Donzela* é o segundo de uma série de livros, todos eles construídos a partir de *Reflexões de um monge incomum:* todos contam as histórias de homens e mulheres cujas vidas revelam os aspectos essenciais do heroísmo e da santidade cristã. O principal objetivo de *A missão da Donzela* é oferecer um relato biográfico da vida de Joana em seu contexto histórico e contar sua história no contexto desta série.

Datas importantes
1302 a 1920

1302   Papa Bonifácio promulga a *Unam Sanctum*
Batalha de Bafeu

1303   Batalha de Courtrai

1309   Início do Papado de Avignon (1309–1377)

1312   Concílio de Viena (1312–1314)

1322   Carlos IV, rei da França (r. 1322–1328)

1328   Filipe VI de Valois, rei da França (r. 1328–1350)
Eleito em detrimento de Eduardo III da Inglaterra

1329   Eduardo III presta homenagem a Filipe VI pela Aquitânia

1335   Construção do primeiro palácio papal em Avignon

1337   Início da Guerra dos Cem Anos

1338   Os turcos otomanos chegam ao Bósforo

1340   Batalha de Sluys

1346   Batalha de Crécy
Os ingleses tomam Calais

1347   Primeiro surto de peste bubônica na Europa

1415	Batalha de Azincourt
	Execução de Jan Hus
1419	Início das Guerras Hussitas (1419–1436)
1416	João Sem Medo, duque da Borgonha, reconhece Henrique V como rei da França
1418	Os borgonheses tomam Paris
1419	Assassinato de João Sem Medo, duque da Borgonha
1420	Maio: Tratado de Troyes
1422	Agosto: morte de Henrique V da Inglaterra
	Outubro: morte de Carlos VI da França
	Henrique VI, rei da Inglaterra (r. 1422–1461, 1470–1471)
	Carlos VII, rei da França (r. 1422–1461)
1424	Batalha de Verneuil
1428	Cerco de Orleans
	Joana chega a Vaucouleurs
1429	Fevereiro: Joana chega a Chinon
	Maio: fim do cerco de Orleans
	Junho: Batalha de Patay
	Julho: coroação de Carlos VII
	Setembro: o cerco francês de Paris fracassa
1430	Maio: os borgonheses capturam Joana em Compiègne
1431	Janeiro: começa o julgamento de Joana em Rouen
	Maio: Joana é executada

1431   Concílio de Basileia (1431–1449)

1435   Tratado de Arras

1436   Paris jura lealdade a Carlos VII

1449   Os franceses reconquistam Rouen

1450   Gutenberg estabelece uma oficina de impressão

1453   Julho: Batalha de Castillon
        Fim da Guerra dos Cem Anos
        Os turcos otomanos tomam Constantinopla

1456   Julgamento de reabilitação de Joana

1558   Os ingleses perdem Calais

1920   Joana é canonizada como santa

Parte 1

Contexto histórico

O coração me bate,
   não me posso calar!
Ouço o som das trombetas
   e o fragor da batalha.
Anunciam-se desastres sobre desastres,
   todo o país foi devastado.
Foram de repente destruídas minhas tendas;
   num instante, meus pavilhões.

Jeremias 4,19–20

1

Carlos, delfim da França (1428)

Em 1428, parecia a Carlos VII e à maioria de seus contemporâneos que os famosos quatro cavaleiros do apocalipse — guerra, fome, conquista e morte — haviam varrido a Europa por mais de um século e agora estavam diante dos muros de Orleans, com o exército inglês sitiando uma das cidades mais importantes da França. Em 1425, o renomado e muito temido duque de Bedford, irmão mais novo do falecido Rei Henrique V da Inglaterra e regente da França em nome de seu filho, o rei-menino Henrique VI (1421–1471), retornou à sua terra natal para resolver uma disputa interna entre seus compatriotas. Sua ausência, contudo, não trouxe nenhuma vantagem para Carlos. Em março de 1427, Bedford estava de volta à França com um plano para pôr fim a um longo e arrastado conflito entre a Inglaterra e a França, que havia começado em 1337. Se ele conseguisse assumir o controle de Orleans, no Rio Loire, para usá-la como base de operações, ele e seus aliados borgonheses poderiam destruir a oposição dos delfinistas e pôr fim às aspirações de Carlos de ser coroado rei da França, assegurando assim o trono da França para o jovem Henrique VI da Inglaterra.

Manter Orleans fiel à causa delfinista era crucial para Carlos. A força sitiante sob o comando do conde de Salisbury era pequena — apenas cerca de quatro mil homens —, mas a ameaça era existencial e potencialmente catastrófica. Carlos considerou refugiar-se na Escócia, mas uma profecia vinha circulando pelo interior da França sobre uma donzela que seria enviada por Deus e mudaria o rumo da guerra em favor dos lealistas. Da cidade guarnecida de Vaucouleurs, também chegavam notícias de uma jovem que afirmava ter a missão divina de coroar o delfim como rei e expulsar os ingleses da França definitivamente. Talvez Carlos tenha se perguntado se, através dessa jovem donzela, Deus finalmente expulsaria os ingleses de seu reino, juntamente com os quatro cavaleiros, e mais uma vez restauraria a paz em uma terra que havia sido assolada por incontáveis sofrimentos no último século.

2

Um século de sofrimento
A Grande Fome (1315 a 1322)

Era como se a Europa estivesse sendo preparada para um desastre. A convergência de uma série de fatores propícios em toda a Europa, do século X ao século XIII, levou à estabilidade política, à melhora da produção agrícola e ao crescimento populacional. O sistema feudal havia amadurecido ao longo dos cinco séculos desde a dissolução do Império Romano, e agora era capaz de proporcionar uma forma de governo e estrutura social estáveis. A Igreja também havia se desenvolvido como instituição e o clero havia ascendido à proeminência, constituindo um braço espiritual de governança que complementava o braço secular da realeza e da nobreza. A produção agrícola crescia à medida que o clima na Europa se tornava mais quente e chovia abundantemente. Florestas eram desmatadas e pântanos eram drenados, tornando-se úteis para a agricultura.

O aumento da oferta de alimentos, juntamente com a estabilidade política e econômica, ajudou a impulsionar uma explosão populacional que perdurou até o século XIV. A população da Europa dobrou entre 1000 e 1300. Os povoados cresceram, o comércio aumentou, e as cidades se tornaram maiores e mais prósperas. Os primórdios de uma classe média surgiram na Europa à medida que o número de comerciantes aumentava, juntamente com a sua riqueza, e artesãos qualificados formavam guildas comerciais e exigiam representação no governo local. Escolas e universidades foram fundadas e cresceram em prestígio e importância, enquanto obras antigas gregas e árabes tornaram-se disponíveis graças aos estudiosos islâmicos que viviam na Espanha. As guerras continuaram, houve escassez de alimentos e outras dificuldades, mas a sociedade medieval do século X ao XIV foi abençoada com crescimento, riqueza, estabilidade política e econômica, além de um aumento no padrão de vida.

Então o clima mudou.

Os europeus começaram a notar um clima mais frio e mais chuvoso no início do século XIV. A primavera de 1315 foi excepcionalmente úmida, o que fez com que os campos não fossem arados. Naqueles que foram, as fortes chuvas afogaram as sementes plantadas e apodreceram os brotos em germinação, causando uma queda dramática na oferta de alimentos. Os animais sofreram junto com seus donos humanos, e rebanhos foram dizimados pela fome e pelas doenças. As pessoas se alimentavam através da caça, do forrageamento, do consumo de seu gado e do estoque de sementes reservado para o ano seguinte. As chuvas continuaram durante 1316 e diminuíram um pouco no verão de

1317, mas algumas partes da Europa haviam sido inundadas, especialmente perto de áreas costeiras, fazendo com que as populações deslocadas vagassem pelo interior e pelas cidades em busca de comida e trabalho. Os invernos permaneceram incomumente frios por pelo menos mais uma década e o Mar Báltico congelou ao menos duas vezes. Partes do Mar do Norte também congelaram.

Em 1325, a oferta de comida retornou a níveis adequados, mas "a Grande Fome," como ficou conhecida, causou transtornos na sociedade europeia que perduraram por décadas, e seus efeitos foram ainda mais agravados pela guerra. Os que não morreram de inanição até 1325 sofriam de desnutrição e tinham o sistema imunológico enfraquecido. Isso os deixou vulneráveis a doenças, o que teria consequências devastadoras quando a peste bubônica atingiu a Europa em 1347.

3

Um século de sofrimento
A Guerra dos Cem Anos (1337 a 1347)

Quando o Duque Guilherme da Normandia reivindicou a coroa da Inglaterra após a morte do último rei anglo-saxão, Eduardo, o Confessor, e depois derrotou seu rival anglo-saxão, Harold Godwinsson, na Batalha de Hastings em 14 de outubro de 1066, desenvolveu-se uma relação complicada entre os reis da Inglaterra e da França. O rei da Inglaterra se tornou vassalo do rei da França em virtude dos feudos que possuía no território francês, resultando em uma trégua instável que durou quase duzentos anos. Contudo, a tensão entre os monarcas atingiu seu auge quando Henrique Plantageneta — vassalo do rei da França enquanto duque da Normandia, conde de Anjou e duque da Aquitânia — tornou-se Henrique II, rei da Inglaterra, em 1154. Para agravar a situação, Henrique havia se casado com a ex-esposa recém-divorciada do rei da França, Leonor, a fim de obter o ducado da Aquitânia.

Um prolongado conflito ao longo dos cem anos seguintes culminou em 1259 com o Tratado de Paris, pelo qual o rei da época, Henrique III da Inglaterra, havia perdido grande parte das terras anteriormente controladas por seus predecessores. No entanto, a disputa continuou com seus sucessores reais, mesmo que tenha sido um pouco atenuada pelo Tratado de Amiens, em 1279, e pelo Tratado de Paris, em 1286. Mas o domínio sobre o ducado da Guiena seguia sendo uma fonte de tensões e, por vezes, de hostilidade declarada. Filipe IV da França (r. 1285–1314), o Belo, tomou posse da maior parte da Guiena entre 1294 e 1297, e o ducado foi novamente invadido por Carlos de Valois em 1324 e 1325.

Eduardo II da Inglaterra respondeu nomeando seu filho de treze anos, Eduardo, como duque da Guiena em 1325. Porém, após o rei ser deposto e assassinado por sua esposa Isabel e seu amante, Mortimer, em 1327, o jovem Eduardo se tornou rei. Tinha quinze anos quando assumiu a coroa, mas eram a Rainha Isabel e Roger de Mortimer, conde de March, que exerciam o poder por trás do trono. Essa situação perdurou até 1330, quando Eduardo III, agora com dezoito anos e incomodado com o controle exercido pela rainha-mãe e seu amante, estava pronto para governar por conta própria. Eduardo mandou enforcar Mortimer e confinou sua mãe à prisão no castelo.

Dois anos antes, em 1328, o último rei Capeto da França, Carlos IV, morreu sem deixar um herdeiro masculino. Sua esposa, Joana, estava grávida na época de sua morte, mas deu à luz uma filha natimorta, o que pôs fim à linhagem capetiana. Eduardo III, então com dezesseis anos, era sobrinho de Carlos e filho de sua irmã Isabel, que era filha do Rei Filipe IV. Eduardo, ou mais precisamente Isabel, Mortimer, e seus conselheiros, usaram isso como justificativa para reivindicar o trono da França para Eduardo. No entanto, isso era totalmente inaceitável para os barões franceses e, em vez de Eduardo, eles escolheram o primo de Carlos, Filipe, duque de Valois (Filipe VI, r. 1328–1350), que atuara como regente até Joana dar à luz. Na época, não havia regras específicas a respeito da sucessão do trono da França por meio de uma linhagem feminina, mas os nobres franceses não suportariam ser governados pela Rainha Isabel e seu amante Mortimer, nem desejavam ser governados por um rei de outro reino. Filipe, de trinta e cinco anos, era vinte anos mais velho que Eduardo e membro da nobreza francesa. Sua ascensão ao trono deu início a uma linha de treze reis da dinastia Valois que perdurou até 1589.

Eduardo III, que em 1328 ainda era apenas um adolescente sob o controle de Isabel e Mortimer, foi obrigado a prestar homenagem pela Guiena em uma cerimônia em Amiens, em 1329. Depois de remover Isabel e Mortimer do poder em 1330 e lidar com os distúrbios civis gerados pelos seguidores descontentes de Mortimer, Eduardo marchou sobre a cidade de Berwick, na Escócia, e derrotou o exército escocês em Halidon Hill, em 1334. Em suas tropas, havia fileiras de arqueiros — soldados de infantaria comuns — lutando ao lado de cavaleiros treinados profissionalmente. Os arqueiros de Eduardo estavam equipados com uma arma revolucionária, o arco longo, o que ajudaria os ingleses a alcançarem vitórias impressionantes sobre os franceses durante os cem anos seguintes e fazerem pender a balança do poder em seu favor. Os galeses os utilizavam a serviço de Eduardo I, que os desenvolveu para uso nas Terras Altas da Escócia.

O arco longo foi um desenvolvimento revolucionário na história dos armamentos, comparável à carruagem de guerra egípcia, à sarissa grega, ao gládio romano, ao estribo e ao canhão. O treinamento completo de um arqueiro com arco longo levava anos, mas um arqueiro habilidoso podia disparar de seis a doze flechas por minuto. O alcance variava entre cento e oitenta e duzentos e setenta metros e as flechas eram capazes de atravessar armaduras, o que deu aos soldados de infantaria comuns uma vantagem sobre os cavaleiros. O arco longo era particularmente eficaz contra a cavalaria, pois as saraivadas de flechas choviam sobre os lombos dos cavalos, matando-os, incapacitando-os ou deixando-os em pânico.

Os franceses não empregavam arqueiros com arcos longos, mas sim bestas, cuja cadência habitual de disparo era de apenas dois virotes por minuto. A Batalha de Halidon Hill foi uma prévia das batalhas que seriam travadas na França durante a Guerra dos Cem Anos, na qual o arco longo teve um papel decisivo nas esmagadoras vitórias inglesas.

A pólvora foi usada pela primeira vez em batalha por volta de 1325, mas os primeiros modelos de canhão eram pouco confiáveis, perigosos de usar e geralmente ineficientes contra seus alvos. Foram necessários outros cem anos para que a tecnologia da artilharia se desenvolvesse, mas, uma vez que os canhões se tornaram efetivos contra muros de pedra, os castelos e as fortificações muradas que cercavam as cidades acabaram se tornando obsoletos. Em 1375, os franceses utilizaram quarenta canhões ao sitiar uma fortaleza na costa da Normandia. Não foram capazes de derrubar as fortificações, mas o bombardeio terminou por forçar a rendição da guarnição inglesa. Na Batalha de Castillon, em 1453, as forças francesas utilizaram a artilharia de campanha extensivamente pela primeira vez, com efeitos devastadores para os ingleses.[2] No mesmo ano, as antes inexpugnáveis muralhas de Constantinopla foram finalmente rompidas pelos turcos otomanos com o auxílio de um dos maiores canhões já forjados. Não fosse pelo desenvolvimento de uma artilharia superior, a cidade talvez ainda levasse o nome de seu fundador e seus residentes ainda tivessem o grego como idioma principal.

Em 1336, Filipe avançou com a frota francesa pelo Canal da Mancha e ameaçou uma invasão. Em 1337, confiscou o ducado da Guiena de Eduardo, que respondeu reivindicando seu direito ao trono da França em uma carta enviada a Filipe em 7 de outubro de 1337. Assim começou uma guerra de batalhas intermitentes entre a Inglaterra e a França, que perduraria por mais de um século.

Ainda que os historiadores datem o início da Guerra dos Cem Anos em 1337 por convenção, as origens desse conflito remontam à Batalha de Hastings, em 1066. A primeira fase do

---

[2] A Batalha de Castillon marcou o fim da Guerra dos Cem Anos.

que viria a se tornar uma disputa de 116 anos se estendeu por todo o reinado de Eduardo III, até sua morte, em 1377. Naquele momento, a Inglaterra possuía pouquíssimos territórios na França, apesar de todo o empenho militar e diplomático de Eduardo.

A primeira fase começou com batalhas navais e os esforços de Eduardo para conseguir aliados na Europa. Inicialmente, ele buscou uma aliança com Flandres, mas Luís I, conde de Nevers, era vassalo de Filipe VI da França e não trairia seu senhor. Em vez disso, Eduardo recorreu a Jacob van Artevelde, um rico cervejeiro de Gante, com quem formou uma aliança em 1340. Eduardo então impôs um embargo à exportação da lã inglesa para as cidades de Flandres, o que causou muitos transtornos à economia flamenga, já que a indústria têxtil de Flandres era altamente dependente dessa matéria-prima. Sob a liderança de Artevelde, os comerciantes se rebelaram contra Luís em 1340 e reconheceram a reivindicação de Eduardo ao trono da França. Naquele mesmo ano, Eduardo assumiu formalmente o título de rei da França.

Eduardo havia gastado grande parte dos recursos da Inglaterra em sua disputa contra Filipe, e foi forçado a penhorar sua coroa e deixar sua esposa e filhos em Gante, como garantia de um empréstimo que usara para financiar sua próxima campanha militar na França. Ele tentou atrair Filipe para a batalha ao marchar com um exército inglês apoiado por aliados flamengos, de Flandres até a França, queimando, saqueando e matando civis franceses. Filipe, respeitado como guerreiro em sua época, avançou com um exército francês rumo ao norte para enfrentar Eduardo, mas, após inicialmente aceitar a batalha, desistiu e retirou suas forças. Eduardo estava perdendo tempo e dinheiro em sua busca por uma vitória decisiva, e seus aliados flamengos começaram a vacilar. Ele voltou à Inglaterra e pediu ao Parlamento que decretasse novos impostos. O Parlamento hesitou, mas atendeu à solicitação devido à ameaça de invasão representada pela frota francesa atracada no porto de Sluys, agora reforçada pelos navios castelhanos e genoveses.[3] Eduardo então dirigiu seus esforços para um confronto naval.

Com o rei pessoalmente no comando, uma pequena frota de cocas inglesas, transportando arqueiros de arco longo e soldados, partiu em 22 de junho de 1340. No dia seguinte, navegaram diretamente até a maior frota da marinha francesa, no porto de Sluys, e a derrotaram. Os arqueiros ingleses se provaram tão eficazes no mar quanto eram em terra, mas, ainda que a Batalha de Sluys tenha sido uma vitória gloriosa para a Inglaterra, teve pouco efeito estratégico. Eduardo ainda estava mergulhado em dívidas, já que muitos de seus súditos se recusavam a pagar o imposto decretado pelo Parlamento. Além disso, ele não conseguiu dar sequência à sua vitória naval em Sluys com um triunfo em terra, já que Filipe sabiamente se recusou a enfrentá-lo em batalha quando Eduardo retornou à França liderando um

---

[3] Uma das consequências não intencionais desses eventos foi o aumento do poder do Parlamento de controlar a tributação.

exército. À medida que seus aliados começaram a se afastar e, incapaz de forçar um encontro decisivo, Eduardo relutantemente concordou com a Trégua de Espléchin em 1340, que considerava como nada mais do que uma pausa para angariar recursos para uma futura tentativa de tomar o trono francês.

Os problemas financeiros de Eduardo se estenderam a outros aspectos da economia europeia, com resultados desastrosos. As receitas que esperava do imposto sobre a lã foram insuficientes, o que o levou a deixar de pagar alguns de seus empréstimos. Isso teve um efeito devastador para as casas bancárias Bardi e Peruzzi de Florença, que faliram, arruinando a economia florentina. Se Eduardo tivesse arcado com o custo total da guerra, qualquer esperança que nutrisse de ascender ao trono francês teria sido findada, e talvez as ambições territoriais de futuros reis ingleses na França tivessem sido frustradas. Mas a ganância de Eduardo por terras e pela realeza não estava saciada e, destemido e inabalável, planejou seu próximo movimento contra Filipe.

Com os novos subsídios aprovados pelo Parlamento em 1345, Eduardo reuniu um novo exército e uma nova marinha e desembarcou quinze mil homens, incluindo quatro mil arqueiros, em julho de 1346. Entre suas tropas, estava seu filho de quinze anos, Eduardo de Woodstock, Príncipe de Gales, mais conhecido historicamente como "o Príncipe Negro". O exército de Eduardo devastou o interior normando, saqueando e queimando povoado após povoado, acumulando espólios e fazendo reféns a fim de pedir resgate.

Filipe havia anteriormente enviado um exército liderado por seu filho, João da Normandia, à Guiena para enfrentar o primo de Eduardo, Henrique, duque de Lancaster. João estava sitiando a cidade de Aiguillon quando Eduardo invadiu a Normandia, então Filipe reuniu outro exército e marchou para confrontá-lo. Eduardo estava tentando escapar de Filipe e unir forças com seus aliados flamengos quando Filipe alcançou os ingleses em Crécy, próximo ao Rio Somme, em 25 de agosto. Ambos os exércitos prepararam-se para a batalha.

Eduardo possuía a vantagem da escolha do terreno, e o escolheu bem. Seu exército estava posicionado no topo de uma colina, com seu flanco direito protegido por um rio e sua retaguarda protegida por uma floresta. Em 26 de agosto, Filipe se viu pressionado por seus comandantes a atacar, ainda que pensasse não ser a decisão mais acertada. O rei hesitou, pois suas tropas não estavam inteiramente prontas, mas o excesso de confiança da nobreza francesa em Crécy, em 1346, refletia a arrogância que seria demonstrada em Poitiers, em 1356, e em Azincourt, em 1415 — e, em cada uma dessas ocasiões, a nêmesis sucedeu à húbris. Os arqueiros ingleses dispararam uma torrente de flechas sobre os cavaleiros franceses em formação, à medida que avançavam colina acima. Os que conseguiram chegar ao topo foram recebidos por soldados ingleses relativamente descansados, que os abateram às dúzias. Ao final do dia, os ingleses haviam perdido menos de cem homens, enquanto milhares de cavaleiros e nobres franceses jaziam caídos no campo de batalha.

A vitória foi completa e as consequências devastadoras, ainda que Crécy não tenha sido estrategicamente decisiva. A confiança no rei francês diminuiu, e a estima pela nobreza — antes vista como uma classe de guerreiros de elite — esmoreceu após ser dizimada por soldados de infantaria comuns. A tributação se tornou mais difícil, e essas mudanças de postura em relação à realeza e à nobreza foram ainda intensificadas pelo surto da peste em 1347.

A Batalha de Crécy consolidou o lugar dos arqueiros de arco longo na história da guerra. No entanto, apesar dessa vitória esmagadora, Eduardo não perseguiu seu oponente derrotado, nem marchou até Paris. Suas tropas precisavam de descanso, então ele seguiu para Calais e a sitiou por quase um ano antes de a cidade finalmente sucumbir devido à falta de mantimentos, em agosto de 1347. Filipe enviou um exército para defender a cidade, mas foi a vez de Eduardo recusar a batalha, e Filipe não pôde fazer nada além de retirar suas tropas.

Embora o cerco tenha recompensado Eduardo com uma cidade murada como ponto de apoio na Europa, o custo foi alto em termos de mão-de-obra, dinheiro e provisões. Ambos os reis careciam de fundos para continuar a guerra de forma ativa e, de todo modo, a Peste Negra surgiu, tornando-a impossível. Nesta fase da guerra, é notável que, após ter vencido uma importante batalha naval e uma igualmente impressionante batalha em terra firme, Eduardo não obteve nenhuma vantagem estratégica relevante, exceto a posse do porto marítimo fortificado de Calais.

4

Um século de sofrimento
A Peste Negra (1347 a 1351)

Originária de alguma parte da Ásia, a peste bubônica foi trazida à cidade comercial e colônia genovesa de Caffa (atual Teodósia), na Crimeia, por um exército mongol sob o comando do khan Jani Beg. Os mongóis estavam sitiando Caffa, mas, devido a um surto de peste entre suas tropas, o cerco precisou ser levantado. O exército mongol se deslocou do Mar Negro para a Rússia e a Índia, levando a peste consigo. Porém, antes de deixarem Caffa, catapultaram cadáveres infectados para dentro da cidade, fazendo com que a população fosse infectada. Quando as galés genovesas partiram de Caffa, os mercadores levaram a peste para Constantinopla e para os portos mediterrâneos da Sicília e da Itália. De lá, a doença se espalhou por toda a Europa em um período de quatro anos, matando um terço da população (de vinte a vinte e cinco milhões de pessoas na Europa e tantas outras na Ásia e na África) entre 1347 e 1351, quando finalmente perdeu força nos países escandinavos. Outros surtos ocorreram em

1361–1363 (matando cerca de dez porcento da população europeia), 1369–1371, 1374–1375, 1390 e 1400.

Ainda que muitos na época acreditassem que "a pestilência" havia sido enviada por Deus como punição pelos pecados, hoje sabe-se que a bactéria *Yersinia pestis* infectava pulgas, que transmitiam a peste aos ratos. Quando o rato hospedeiro morria, as pulgas migravam para outros ratos. Uma picada de pulga ou uma mordida de rato era o suficiente para transmitir a doença a humanos e outros animais, embora os bacilos pudessem também ser transmitidos de pessoa para pessoa por meio de infecção pneumônica (isto é, por tosse ou espirro). Uma vez infectadas, a maioria das vítimas não sobrevivia por muito tempo — de questão de horas a poucos dias —, embora talvez dez porcento dos infectados conseguissem sobreviver. A peste causava a maior parte de seus danos em uma determinada localização geográfica dentro de um ano, geralmente matando um terço de seus habitantes. Alguns povoados e aldeias foram totalmente dizimados, mas aqueles que não mantinham relações comerciais intensas com outras comunidades escaparam relativamente ilesos.

A Peste Negra[4] trouxe mudanças dramáticas e duradouras para a sociedade europeia. Na Idade Média, as pessoas eram muito religiosas, mas muitos perderam a confiança na Igreja porque ela parecia completamente incapaz de deter a onda de contágio e morte. Alguns padres abandonavam seus paroquianos

---

[4] Este termo não era usado na Idade Média. Referia-se à doença como "a pestilência".

moribundos e suas famílias por medo da contaminação, enquanto comunidades inteiras de monastérios e conventos eram aniquiladas, suas orações ineficazes para salvar até mesmo suas próprias vidas. O Papa Clemente VI anunciou um ano santo em 1350 e convidou peregrinos à Roma como forma de aplacar a ira divina, mas a peste assolou os presentes, fazendo o papa parecer fraco e inepto. Orações, sacrifícios, bênçãos, procissões, mortificações e longas vigílias pareciam não ter efeito algum em persuadir Deus a aliviar o sofrimento e a perda de vidas. A superstição aumentou, e os cristãos fiéis, duvidando da eficácia da oração aos santos, recorreram a remédios populares e amuletos. O poder espiritual da Igreja, antes fonte de esperança e força, agora parecia uma ilusão. Essa mudança de postura em relação à Igreja e à religião se manteria viva muito além do surto da peste.

Em segundo lugar, a proliferação da morte atribuiu um valor mais elevado ao trabalho daqueles que sobreviveram. Antes da Grande Fome de 1315–1322, a população da Europa havia crescido de forma contínua durante os últimos três séculos, proporcionando uma força de trabalho abundante enquanto mantinha os salários baixos. Na década de 1350, o mercado de trabalho foi radicalmente alterado, já que a demanda por produtos agrícolas decresceu com a redução da população e o valor laboral dos artesãos qualificados aumentou. Servos deixaram seus senhores para buscar trabalho na relativa liberdade dos povoados e aldeias, e o valor da terra reduziu à medida que se tornava menos produtiva, devido ao declínio da força de trabalho agrícola. A nobreza usou seu poder político para aprovar leis que restringiam a movimentação dos servos e congelavam os salários no nível anterior à peste. Isso provocou um ressentimento generalizado que acabou levando à Jacquerie (levante camponês) na França, em 1358, e à Revolta dos Camponeses na Inglaterra, em 1381.

Em terceiro lugar, áreas altamente povoadas foram atingidas mais duramente pela peste, e muitos de seus artesãos especializados morreram. Eles foram substituídos por servos que migraram do interior, mas, embora a demanda e os preços dos bens manufaturados e dos artigos de luxo tenham permanecido altos, a qualidade do trabalho era inferior. Mesmo assim, a riqueza fluía até os povoados e cidades e para longe da aristocracia latifundiária, o que tornou as cidades mais poderosas à custa da nobreza rural. Isso impulsionou o surgimento de uma classe média emergente e contribuiu para o conflito de classes entre nobres e trabalhadores, e entre mercadores e artesãos.

Em quarto lugar, embora a Igreja tenha perdido prestígio devido à sua incapacidade de conter a peste, ela enriqueceu graças às doações de terras e outros bens que eram deixados pelos fiéis cristãos em seus testamentos. No entanto, uma Igreja mais rica não é necessariamente uma Igreja mais santa, e esse aumento da riqueza teria repercussões futuras na relação da Igreja com os poderosos monarcas da Europa. Além disso, embora a Igreja tenha se tornado mais rica, a peste foi mais severa em comunidades densamente povoadas, o que a tornou particularmente destrutiva para monastérios e conventos, bem como para os párocos que permaneceram com seus fiéis até serem infectados e morrerem. A Igreja não havia perdido apenas respeito, mas também muitos de seus membros, o que a enfraqueceria em futuros conflitos com monarcas poderosos, que também se beneficiaram com o declínio do poder da nobreza e o crescente poder dos povoados e cidades. O aumento do poder dos reis à custa dos nobres e da Igreja significou uma menor fragmentação da sociedade e uma maior centralização do poder, e acabou levando à formação dos Estados-nação modernos.

As mudanças políticas e sociais causadas pela Peste Negra fizeram dela um divisor de águas na história europeia. Raramente ocorrem eventos que mudam o mundo quase da noite para o dia, mas a Peste Negra foi um deles, e, mais do que qualquer outro fator, contribuiu para o fim do período medieval.

A peste também coincidiu com o início do que hoje chamamos de Renascimento. Os historiadores fazem distinção entre o Renascimento Meridional ou Italiano, que começou por volta de meados do século XIV, e o Renascimento Setentrional ou Alemão, que ocorreu cerca de um século depois. O humanismo e outras ideias renascentistas relacionadas à religião, ao governo, à economia e à consciência nacional atuaram de forma sinérgica com o fenômeno natural da peste e suas consequências para desafiar as ideias feudais, criando um ímpeto para a transição do mundo medieval para o mundo moderno.

5

Um século de sofrimento
A Guerra dos Cem Anos (1355 a 1413)

Levaria muitos anos até que a Europa se recuperasse da Peste Negra, mas as aspirações de Eduardo III ao trono francês — ou, pelo menos, ao domínio soberano sobre uma grande parte da França — não seriam frustradas nem mesmo por uma das mais devastadoras catástrofes da Europa. Filipe VI morreu em 1350 e foi sucedido por seu filho, o duque da Normandia, que foi coroado como João II. João quase que imediatamente provocou um mal-estar com a nobreza ao executar um nobre popular, o conde d'Eu, que acabara de retornar do cativeiro na Inglaterra, substituindo-o no cargo de condestável da França por seu aliado próximo, Carlos de Espanha. Em seguida, tentou resolver seus problemas fiscais depreciando a moeda de baixo valor utilizada nas transações diárias, o que teve consequências econômicas mais negativas para os cidadãos comuns do que para os abastados. João também concedeu ao seu novo condestável o condado de Angoulême, que fazia parte do território de Carlos de Navarra. Como forma de compensar a perda, João lhe ofereceu sua filha de oito anos em casamento, mas posteriormente recusou-se a entregar o dote. Como vingança, Carlos, "o Mau", mandou assassinar Carlos de Espanha.

Além de Navarra, Carlos possuía feudos na Normandia e na região central da França, o que o tornava um poderoso aliado, e o assassinato de Carlos de Espanha atraiu outros nobres insatisfeitos à sua causa. Para intensificar a pressão sobre João II, além de proteger e expandir seus territórios, Carlos iniciou negociações com Eduardo em busca de uma aliança. Eduardo, porém, não podia arcar com novas operações militares e enfrentava oposição tanto do Parlamento quanto dos cidadãos comuns, que se sentiam exaustos de sustentar uma guerra que não era lucrativa nem parecia ter fim. João II também estava limitado por recursos insuficientes e pela possível deslealdade de Carlos de Navarra, sendo forçado a engolir seu orgulho e reconciliar-se com ele publicamente em 1354. Eduardo e João iniciaram negociações de paz com a mediação do papa, mas estas fracassaram, pois o tratado proposto era demasiadamente favorável aos ingleses.

Carlos voltou a procurar Eduardo propondo uma aliança, para depois negá-la veementemente diante do papa. Eduardo mais uma vez declarou ao Parlamento e ao povo inglês que havia sido injustiçado pelos franceses, conseguindo assim reunir fundos suficientes para uma nova expedição no continente. A trégua que estava em vigor expirou, e os ingleses enviaram dois exércitos à França em 1355. O primeiro foi liderado pelo filho do rei, Eduardo, Príncipe de Gales e recém-nomeado duque da Guiena;

o segundo, por Henrique, duque de Lancaster. O exército do príncipe devastou toda a faixa de terra entre Bordeaux e Narbonne — uma campanha que só poderia ser descrita como uma versão medieval do terrorismo —, destinada a desmoralizar o povo francês, destruir recursos que poderiam ser usados na guerra e gerar oposição a João II, forçando-o a selar um acordo de paz favorável aos ingleses. O exército de Lancaster encontrou o de João nas proximidades de Amiens, mas nenhuma batalha ocorreu.

Em 1356, os ingleses novamente entraram em campo com dois exércitos, mas João queimou as pontes que cruzavam o Rio Loire para impedir que se unissem. Ele marchou com seu exército em direção à Lancaster e o expulsou; depois seguiu para o sul para enfrentar Eduardo, finalmente alcançando-o próximo à Poitiers. João não era conhecido em sua época como um habilidoso capitão de guerra, mas seu exército era maior que o de Eduardo. O papa enviou um representante para mediar a negociação entre os dois lados e foi declarada uma trégua de um dia (domingo), o que permitiu que os ingleses tivessem tempo para melhorar sua posição defensiva. Eduardo se dispôs a fazer concessões significativas, mas as negociações fracassaram quando lhe foi informado que teria de se render como prisioneiro. Ambos os lados se prepararam para a batalha no dia seguinte.

O alto comando francês estava dividido entre sitiar os ingleses ou forçar uma batalha campal. Indo contra a orientação de alguns de seus conselheiros, João teimosamente optou pela batalha. Cercar os ingleses e esperar que ficassem famintos e se rendessem teria sido estrategicamente mais prudente, mas a batalha era mais honrosa para a mentalidade medieval do que a guerra de cerco. Na segunda-feira, 19 de setembro, os dois exércitos travaram um combate que durou o dia inteiro, assemelhando-se à Batalha de Crécy e terminando em uma derrota igualmente esmagadora para os franceses. Para agravar o infortúnio francês, João II foi capturado e feito prisioneiro do rei da Inglaterra.

O coração da França estava abalado. O ressentimento popular contra a realeza e a nobreza após Poitiers superou aquele sentido após Crécy. Muitos membros importantes da nobreza foram feitos prisioneiros junto com o rei, e cada resgate exigido seria, em grande parte, pago pelo trabalho dos camponeses. O governo central, agora liderado pelo delfim de dezoito anos de idade, estava em completa desordem, e os ingleses estavam em posição de negociar com firmeza. Foi acordada uma trégua de dois anos, durante a qual aconteceriam as negociações. Bandos de mercenários, formados por soldados desempregados de várias partes da Europa e conhecidos como Companhias Livres,[5] permaneceram na França e vagavam pelo interior saqueando, destruindo e gerando caos e miséria. Para piorar a situação, Carlos de Navarra, que havia sido preso por João em 1356, escapou em setembro de 1357 e começou a conspirar para se tornar rei, em oposição a Carlos, o delfim.

Em maio de 1358, sob o peso da alta tributação e devido ao intenso sofrimento infligido pelas devastadoras Companhias

---

[5] *Écorcheurs*, ladrões, saqueadores, "espoliadores".

Livres, os camponeses franceses, desesperados, se rebelaram. Alguns cometeram atrocidades ainda piores do que as das Companhias Livres. No entanto, a revolta da Jacquerie foi rapidamente suprimida pela nobreza, e Carlos, o Mau, que tinha ajudado a reprimir o levante, conspirou novamente com o rei da Inglaterra enquanto as negociações prosseguiam com João II e o governo francês. Um tratado foi proposto, mas Eduardo era ganancioso demais para aceitá-lo. O monarca inglês fez outra proposta em março de 1359, mas esta foi recusada pelos Estados Gerais franceses, e Eduardo usou isso como pretexto para uma nova invasão na França. Era aliado de Carlos de Navarra, mas quando Carlos soube que Eduardo queria ser coroado rei da França, trocou de lado e reconciliou-se com o delfim em agosto de 1359.

Eduardo chegou a Calais e marchou para o sul, em uma tentativa de atrair o delfim e seu exército para uma batalha em campo aberto, mas o delfim recusou. A campanha militar terminou em 1360 com o Tratado de Brétigny, no qual Eduardo renunciou à sua reivindicação ao trono francês em troca de posses territoriais amplamente expandidas, mantidas sob plena soberania. O resgate de João foi fixado em três milhões de coroas de ouro, e ele obteve permissão para voltar à França. Os termos do tratado, contudo, jamais foram cumpridos. Por isso, João retornou voluntariamente à Inglaterra em 1364 e morreu pouco depois, aos quarenta e cinco anos. O delfim foi coroado como Carlos V. Ele se opôs ao Tratado de Brétigny, o que significava que o conflito entre a Inglaterra e a França continuaria. Carlos não era um guerreiro e concentrou seus esforços na diplomacia, deixando as decisões militares para os seus comandantes.

Em 1368, os senhores da Guiena, que há muito tempo eram leais ao domínio inglês, recorreram ao Rei Eduardo e ao Rei Carlos contra a pesada tributação que o Príncipe Negro havia imposto sobre seus feudos. Carlos aceitou suas petições e preparou-se para a guerra. Eduardo considerou isso uma violação do tratado, e as hostilidades recomeçaram. Por volta de 1370, os franceses já haviam consolidado seus exércitos e foram capazes de vencer batalhas importantes no norte da França sob o comando de seu novo condestável, Bertrand du Guesclin, e uma frota franco-castelhana derrotou a marinha inglesa nas proximidades de La Rochelle, em 1372. Mas as tropas inglesas ainda vagavam pelo interior e, em um episódio cruel até mesmo para os padrões da época, o Príncipe Negro massacrou três mil civis em Limoges, como vingança por sua deslealdade. No entanto, esse foi seu último ato de guerra, pois contraiu desinteria e foi forçado a retornar à Inglaterra em 1372. Ali permaneceu inválido até sua morte, em 8 de junho de 1376, um ano antes da morte de seu pai, Eduardo, em 21 de junho de 1377.

O Rei Carlos continuou a avançar diplomaticamente e, em 1374, já havia recuperado a maior parte das terras perdidas para a Inglaterra desde o início da Guerra dos Cem Anos. O reino da França poderia ter expulsado completamente os ingleses do continente, mas os franceses estavam exaustos, o rei debilitado e seus cofres vazios. Os ingleses também estavam esgotados.

Eduardo havia se tornado um alcoólatra, e seu herdeiro, o Príncipe Negro, era um inválido. O próximo na linha de sucessão era o filho mais novo do príncipe, e, após as mortes de seu pai e de seu avô, em 1377, Ricardo II (r. 1377–1399) foi coroado rei aos dez anos de idade. Em 1380, Carlos V da França morreu, juntamente com seu condestável, e foi sucedido por seu filho de doze anos, Carlos VI (r. 1380–1422).

Como os reis de ambos os países eram muito jovens, a tarefa de governar recaiu sobre os adultos que os rodeavam, que competiram entre si pelo poder. Um conselho dirigido pelos duques da Borgonha, de Berry e de Anjou foi estabelecido para exercer a regência de Carlos. Entre 1379 e 1383, Filipe van Artevelde liderou revoltas em Flandres contra Luís de Mâle, conde de Flandres. Quando Luís morreu em 1384, a posse de Flandres, juntamente com Artois, passou para o tio de Carlos, Filipe, o Audaz, duque da Borgonha. Isso teria grandes consequências no futuro, quando a disputa pelo poder entre poderosos nobres franceses se tornaria mortal e acabaria evoluindo para uma guerra civil.

Durante o início do reinado de Ricardo, a Inglaterra foi atormentada pela ameaça de invasões e ataques em sua costa sul, promovidos por navios franceses e castelhanos. Em resposta, o Parlamento autorizou impostos adicionais a fim de levantar fundos para medidas defensivas, o que levou os camponeses ingleses a revoltarem-se em 1381, assim como os camponeses franceses haviam se rebelado em 1358. A Revolta dos

Camponeses, contudo, não foi causada somente pela pesada tributação. A sociedade feudal estava evoluindo após a Peste Negra, e as concepções de superioridade de classe do sistema de castas medieval estavam sendo questionadas tanto na Inglaterra quanto na França. Esse desenvolvimento foi reforçado pelo êxito dos soldados comuns contra os nobres em Crécy e Poitiers. A Revolta dos Camponeses desafiou seriamente o *status quo* na Inglaterra, mas foi reprimida tão impiedosamente quanto a Jacquerie havia sido na França, e seus líderes foram severamente punidos. Ainda que não tenha alcançado sucesso definitivo, a Revolta dos Camponeses foi mais um evento importante da segunda metade do século XIV que sinalizou um período de transição na Europa, de uma sociedade medieval para os primórdios de uma sociedade moderna.

Com o tempo, Ricardo e Carlos chegaram à idade adulta e buscaram governar seus respectivos reinos por conta própria. Ricardo desejava a paz e uma relação mais próxima com a França. Como ambos os reinos estavam lidando com conflitos internos e careciam de fundos para dar prosseguimento à guerra, uma trégua foi firmada em Leulinghen, em 1389, suspendendo as hostilidades até 1403.

A esposa de Ricardo faleceu em 1394 e, desejando estreitar relações com a França e seu rei, Ricardo propôs receber a filha de Carlos, Isabel, como esposa — embora ele tivesse trinta anos e ela apenas seis. A oferta foi aceita, e Ricardo e Carlos também concordaram em estender a trégua de Leulinghen por vinte e oito anos. Os dois monarcas reuniram-se em Calais, em 1396, em meio a grande júbilo. Juramentos de amizade e promessas de fidelidade foram trocados, e a paz entre os dois reinos poderia ter sido estabelecida, não fosse a oposição de importantes nobres ingleses à política de Ricardo. Isso fez com que Ricardo se tornasse autocrático e autoritário, prendendo e executando alguns nobres. Quando Ricardo saiu em campanha militar contra os rebeldes irlandeses em 1399, Henrique de Bolingbroke — assim chamado por causa do castelo onde nasceu — tomou o poder. Ricardo e Henrique eram primos, nascidos no mesmo ano de 1367, e haviam passado sua infância juntos na corte. Mas isso não impediu que Henrique depusesse e prendesse Ricardo. Bolingbroke foi coroado em 1399 como Henrique IV, enquanto Ricardo morreu por inanição na prisão, em 1400.

~

A população da França era três vezes maior do que a população da Inglaterra durante o período da Guerra dos Cem Anos, e dispunha de mais recursos. Se a França tivesse permanecido unida ao seu rei e sua nobreza não estivesse preocupada em competir pelo poder, os ingleses teriam sido facilmente expulsos. Mas a França estava dividida e acabaria por entrar em guerra civil.

Os episódios de loucura que atormentariam Carlos VI pelo resto de sua vida tiveram início em 1392. Seus surtos de insanidade intensificaram a rivalidade entre a casa de Orleans, liderada por Luís, duque de Orleans, e a casa da Borgonha, liderada por Filipe, o Audaz. Ambos eram tios poderosos e ambiciosos do rei, e cada um esforçava-se para preencher o vácuo de poder gerado pela incapacitação de Carlos. Filipe morreu em 1404 e foi substituído por seu filho, João Sem Medo, como líder da facção borgonhesa. A influência dos borgonheses na corte francesa aumentou, e confrontos violentos eclodiram nas ruas de Paris entre os apoiadores dos borgonheses e dos orleanistas. João tentou pôr fim à disputa mandando assassinar Luís em Paris, em 23 de novembro de 1407. Esse episódio marcou o início da guerra civil francesa.

O assassinato de Luís criou um vácuo de poder que foi preenchido por Bernardo de Armagnac, que atuou como regente dos três filhos pequenos de Luís. A facção dos orleanistas passou então a ser conhecida como os armagnacs, e também como os delfinistas, devido ao seu apoio a Carlos VII. Além disso, esse grupo também passou a ser conhecido como os nacionalistas, pois resistiam aos ingleses como invasores estrangeiros e se opunham ao grupo anglo-borgonhês, que favorecia o rei inglês.

João e os borgonheses estavam em ascensão em 1408, mas os armagnacs enviaram um exército para sitiar Paris. Ambos os lados recorreram a Henrique buscando assistência, e o rei da Inglaterra respondeu ao pedido de João enviando 2.800 soldados à Paris para ajudar a levantar o cerco. Após o fim do bloqueio, as tropas inglesas voltaram para casa, mas outro exército inglês chegou a pedido dos armagnacs, saqueando o território francês por onde passou. João Sem Medo tentou impor tributos para repelir os ingleses, mas a medida provocou uma violenta resistência e João se viu obrigado a fugir para a Borgonha. Henrique morreu em março de 1413 e foi sucedido por seu filho, Henrique V, que se tornou uma das figuras mais importantes da Guerra dos Cem Anos e um dos reis mais famosos da história da Inglaterra.

6

Um século de sofrimento
O Papado de Avignon e o Cisma do Ocidente

As dificuldades e divisões não pouparam nem o braço secular nem o braço espiritual do governo europeu durante o século XIV. A disputa entre França e Inglaterra pelo controle dos territórios franceses, somada ao antagonismo que emergiu na sociedade medieval à medida que os plebeus desiludidos conquistavam maior independência em relação aos seus senhores, refletiu-se na Igreja através de uma outra forma de divisão. Em 1309, o Papa Clemente V (r. 1305–1314) transferiu-se de Roma para Avignon, onde tentou governar a Igreja e os Estados Pontifícios. Esse arranjo perdurou até 1377 e provou-se custoso em termos de vidas e de riquezas. Para piorar as coisas, o próprio papado estava dividido entre dois e depois três pretendentes entre 1378 e 1415. A indisciplina da população de Roma e a interminável violência na política romana serviram como pretexto para a decisão de Clemente, mas o impulso que levou ao Papado de Avignon e ao Cisma do Ocidente teve raízes mais profundas.

Os séculos XI e XII testemunharam uma disputa entre a Igreja e o Estado, na qual a Igreja alcançou algum grau de supremacia. Durante o reinado do Papa Inocêncio III (r. 1198–1216), o papado evoluiu para uma monarquia que detinha um poder secular considerável. A Igreja já possuía extensas propriedades de terra e contava com seus próprios sistemas judiciário e legislativo, mas o papado ganhou mais poder durante o reinado de Inocêncio e passou a competir mais diretamente com os governantes seculares. Como resultado, transformou-se em vítima de seu próprio sucesso, ao tornar-se alvo de críticas que enfraqueciam sua autoridade espiritual. As coisas se tornavam ainda mais complicadas pela crescente politização do papado e das altas esferas da hierarquia eclesial. As eleições pontifícias eram constantemente sujeitas à interferência e, por vezes, à coerção violenta. Famílias poderosas da Itália dominavam o cenário político italiano, contratavam turbas para influenciar as eleições pontifícias e manipulavam os papas após estes assumirem o cargo.

Ao final do século XIII, a situação na Europa havia mudado. Os reis da Inglaterra e da França haviam se tornado mais fortes e mais independentes de Roma, e hesitavam menos em reivindicar o que consideravam ser seu direito a territórios, poder e tributação. A teoria dos direitos da autoridade espiritual em relação à autoridade secular passou a ser questionada. Bonifácio VIII (r. 1294–1303) se tornou papa em um momento crucial, quando o poder dos reis e a centralização do governo estavam aumentando. O clero estava sendo taxado na França e na Inglaterra para ajudar a financiar as empreitadas militares, em contraposição ao decreto de Inocêncio, que estabelecia que tal medida não poderia ser aplicada legalmente sem o consentimento do papa. Em 1296, Bonifácio promulgou a bula papal *Clericis Laicos*, que defendia a liberdade da Igreja contra a tributação secular. Os reis Eduardo I da Inglaterra e Filipe IV da França retaliaram com suas próprias medidas, levando Bonifácio a moderar sua posição.

Em 1300, Bonifácio convocou o primeiro ano jubilar da história da Igreja e os peregrinos chegaram a Roma aos milhares, encorajando o papa a reafirmar sua autoridade em assuntos seculares. Bonifácio declarou que os papas não possuíam meramente o direito divino de governar de forma coordenada com a autoridade secular, mas que Deus havia colocado os papas *acima* de toda autoridade secular, submetendo assim todo âmbito secular à autoridade pontifícia. Além disso, em 1302, Bonifácio promulgou a bula *Unam Sanctum*, na qual afirmava que todos os seres humanos, no que diz respeito à salvação, estão sujeitos ao papa. Filipe respondeu enviando homens armados à Itália para prender e encarcerar Bonifácio, que teria sido espancado até a morte se não tivesse sido salvo pelos cidadãos locais. Morreu em 1303, em decorrência de suas feridas.

A competição pelo poder entre papas e reis continuou após a transferência da residência pontifícia para Avignon. Quando Filipe quis se apropriar do tesouro dos Cavaleiros Templários e exigiu a supressão da ordem a Clemente V e ao Concílio de Viena (1312–1314), eles consentiram. Filipe estava presente em Viena durante o concílio para certificar-se do desfecho, e parecia que sua vitória sobre a Igreja estava completa.

Todos os papas durante o período do Papado de Avignon foram franceses, o que resultou na nomeação de um número desproporcional de franceses para o Colégio Cardinalício, praticamente garantindo que o próximo papa seria francês. Para o escândalo de muitos observadores, a corte papal evitava a modéstia e se inspirava nas cortes reais, conquistando para si uma reputação de mundanidade e dissipação. Os tributos papais foram aumentados, e um palácio foi construído a grande custo para o papa e sua comitiva. O respeito pelo papado diminuía, enquanto aumentavam os protestos contra seus excessos e sua sensualidade. Em 1324, Marsílio de Pádua completou a obra *Defensor pacis*, que criticava o papa pelo seu autoproclamado papel no governo secular. Tanto ele quanto Guilherme de Ockham, outro crítico do papado, foram excomungados pelo Papa João XXII. Mais tarde, ainda no século XIV, o teólogo de Oxford John Wycliffe, que acreditava que os membros do clero e os religiosos deveriam praticar a austeridade e a simplicidade de vida, apoiou os reis ingleses contra os excessos papais de Avignon. O início do século XV testemunhou uma prévia do movimento protestante quando Jan Hus, um discípulo de John Wycliffe, foi excomungado em 1410 e executado em 1415. Esse episódio provocou uma rebelião entre seus seguidores e uma série de guerras civis que prefiguraram as Guerras de Religião travadas durante o século XVI.

O Papa Urbano V (r. 1362–1370) regressou a Roma em 1367, mas permaneceu apenas três anos antes de retornar para Avignon, em 1370. Seu sucessor, Gregório XI (r. 1370–1378), cedeu à pressão internacional e transferiu a residência pontifícia para Roma em 1377, durante a Guerra dos Oito Santos (1376–1378) entre o papado e Florença. Após a morte de Gregório, em 1378, ocorreu uma das eleições papais mais fatídicas da história da Igreja, quando, sob forte pressão do povo romano, os cardiais elegeram um arcebispo italiano, Urbano VI (r. 1378–1389), como novo papa. Urbano era cordial e de temperamento ameno antes de sua eleição, mas houve uma dramática mudança em sua personalidade após assumir o cargo. Urbano se tornou hostil para com os cardiais franceses e os repreendeu publicamente por sua ostentação e estilo de vida decadente. Temendo perder o poder ou algo pior, os cardiais fugiram para Avignon, declararam a eleição inválida e elegeram um dos seus, um francês que adotou o nome de Clemente VII (r. 1378–1397). Teve início assim o Cisma do Ocidente, que perdurou até 1415.

Em 1054, o Grande Cisma entre a Igreja Latina, no Ocidente, e a Igreja Grega, no Oriente, causou uma profunda ruptura no mundo cristão. Em 1378, a Europa mergulhou em outra divisão desastrosa, não somente dentro da cristandade, mas também nas esferas política e nacional. A Inglaterra e seus aliados apoiavam Urbano VI em Roma, enquanto a França e seus aliados prestavam apoio a Clemente VII em Avignon. A divisão se aprofundou ainda mais quando os defensores do movimento conciliar argumentaram que os concílios ecumênicos tinham mais poder do que o papa e podiam depor e eleger um pontífice. Aqueles que defendiam a supremacia papal argumentavam que o poder do papa provém diretamente de Deus, e somente o pontífice tinha o poder de convocar um concílio ecumênico.[6]

Em 1398, em uma tentativa de resolver o problema da multiplicidade de papas, a Igreja francesa retirou sua obediência ao Papa Bento XIII (r. 1394–1423), mas ele se recusou a abdicar e só foi expulso de Avignon em 1403. Em 1409, o Concílio de Pisa adotou a abordagem conciliar e depôs ambos os papas rivais, elegendo Alexandre V. Infelizmente, nenhum dos outros dois papas renunciou, de modo que houve três papas entre 1409 e 1415. Alexandre faleceu em 1410, e João XXIII foi eleito pelo Concílio de Pisa em seu lugar. João foi exortado a convocar o Concílio de Constança em 1414. Esse concílio depôs João, aceitou a renúncia de Gregório XII, declarou a reivindicação de Bento XIII como inválida e elegeu Martinho V como o único papa.

A era do Papado de Avignon e do Cisma do Ocidente tinha finalmente chegado ao fim em 1417, após mais de um século de divisão. No entanto, seus efeitos sobre a reputação da Igreja seriam permanentes, e esta jamais se recuperaria verdadeiramente da perda de estima gerada por: (1) sua incapacidade de aliviar o sofrimento causado pela Peste Negra; (2) a visão predominante de

---

[6] Desde então, a Igreja Católica determinou que: (1) somente o papa possui poder e autoridade supremos dentro da Igreja; e (2) a linha de sucessão legítima do papado estava sediada em Roma e, portanto, Urbano VI e seus sucessores eram os papas legítimos.

que o papado havia extrapolado sua autoridade em assuntos seculares; (3) a mundanidade da corte papal e de outros membros da hierarquia da Igreja e de ordens religiosas; e 4) o deslocamento do papa de Roma e o cisma entre papas rivais.

~

Conhecer a história desse período infeliz é útil para tentar compreender a mentalidade dos juízes de Joana durante seu julgamento, em 1431. Os membros da Igreja estavam sensíveis à perda de reputação que haviam sofrido desde 1309 e, até certo ponto, esses eventos esclarecem — embora não justifiquem — a razão pela qual seus juízes foram tão insistentes em exigir que ela se submetesse à sua autoridade.

7

Um século de sofrimento
As guerras civis bizantinas e a invasão otomana

O Império Otomano adentrou o século XX envelhecido e em decadência, até finalmente encontrar sua extinção em 1922, após aliar-se à Alemanha e à Áustria-Hungria durante a Primeira Guerra Mundial. Contudo, de modo geral, gozou de uma existência longa e próspera em comparação com outros impérios da história, e, para grande aflição dos cristãos da Baixa Idade Média, foi capaz de expandir seu domínio pelas costas orientais da Europa.

A tribo turca conhecida como os osmanlis — assim chamada em menção ao seu líder, Osman[7] (r. 1290–1326) — aparece pela primeira vez nos registros históricos na Batalha de Bafeu, em 1302, quando, segundo um historiador bizantino, liderou os turcos à vitória sobre uma força bizantina. Nessa época, os osmanlis eram apenas uma dentre as muitas tribos turcomanas e uma potência diminuta na Ásia Menor. Porém, 151 anos após a

---

[7] Do qual também é derivado o termo "otomano".

vitória de Osman em Bafeu, um de seus sucessores controlaria territórios nos lados europeu e asiático do Bósforo e finalmente alcançaria o tão almejado objetivo de tomar Constantinopla e fazer dela a capital do império.

Diversos fatores contribuíram para a notável ascensão dos osmanlis durante o século XIV. Primeiramente, o Império Bizantino experimentou um período de conflitos internos que resultaram em guerras civis esporádicas. A primeira delas ocorreu entre 1321 e 1328 e a segunda entre 1341 e 1347, após a morte do imperador Andrônico. A expansão dos osmanlis foi ainda favorecida pelo antagonismo de longa data existente entre Roma e a cristandade latina, de um lado, e Constantinopla e a Igreja Ortodoxa grega, de outro. Um episódio fundamental para esse conflito foi a Quarta Cruzada, quando, em 1204, os cruzados, instigados por Veneza, venceram as formidáveis defesas de Constantinopla e saquearam a cidade impiedosamente. A cidade permaneceu sob domínio ocidental até 1261, quando o imperador exilado, Miguel Paleólogo, conseguiu recuperar seu controle com o auxílio de Gênova. Todavia, Constantinopla jamais se recuperou plenamente do saque e da ocupação, e a Quarta Cruzada segue sendo, até os dias atuais, uma fonte de tensão entre a cristandade oriental e a ocidental.

Em contraposição a Bizâncio como a outra grande civilização da região naquela época, estavam os territórios ocupados pelos árabes ao sul. Quando os árabes, sob a liderança de Maomé, irromperam do Deserto da Arábia para disseminar o islamismo durante o século VII, seu sucesso foi facilitado pelas guerras entre os bizantinos e os persas, que haviam levado ambos os lados à exaustão. Da mesma forma, a ascensão dos otomanos ao poder foi fortalecida pela invasão mongol de territórios controlados pelos árabes, que tiveram suas forças enfraquecidas. A resistência à expansão otomana foi ainda mais neutralizada pela aceitação do islamismo por parte dos otomanos no início do século XIV.

Logo após sua conversão, os otomanos começaram a absorver territórios gregos em seu domínio. Sua primeira conquista foi a cidade de Brusa em 1326, cujo comandante, Evrenos, se rendeu voluntariamente a Osman e mais tarde se tornou muçulmano. Osman morreu pouco depois de tomar Brusa e foi sucedido por seu filho, Orhan, que fez da cidade sua capital. Orhan conseguiu reunir outros territórios gregos sob o domínio otomano e, em 1331, conquistou Niceia — onde, mais de mil anos antes, Constantino havia convocado o concílio ecumênico do qual surgiu o fundamental Credo Niceno (325). Em 1333, os bizantinos foram forçados a pagar tributos aos otomanos. Durante a guerra civil bizantina travada entre 1342 e 1347, os otomanos formaram uma aliança com o novo imperador, João VI Cantacuzeno, contra seus rivais, os Paleólogos, e Orhan recebeu como esposa a Princesa Teodora, filha de João, em 1346.

Orhan e os turcos otomanos causaram preocupação à cristandade ocidental quando, em 1353, tomaram Galípoli, no lado europeu do Bósforo. Os otomanos cruzaram o Mar Egeu, partindo da Ásia Menor a convite de João VI, que desejava enfraquecer seus rivais, e avançaram para expandir seu domínio na Trácia. Essa ação causou grande consternação na Europa, mas, como os europeus estavam debilitados devido a tantas outras calamidades vividas durante o século XIV, nenhuma força efetiva pôde ser reunida, exceto as forças eslavas e gregas que já se encontravam nos Bálcãs.

Os turcos também se beneficiaram quando Estêvão Dušan, imperador da Sérvia e um importante defensor da Europa contra os turcos, faleceu em 1355. Em 1359, Orhan morreu e foi sucedido por seu filho Murade, que é considerado por muitos historiadores como o verdadeiro fundador do Império Otomano. Murade prontamente conquistou Adrianópolis, uma das cidades bizantinas mais importantes, em 1361. Dez anos mais tarde, derrotou os sérvios no Rio Maritsa. A segunda maior cidade bizantina, Tessalônica, caiu em 1387, e em 1389 os otomanos derrotaram os sérvios na Batalha do Kosovo, pondo fim à independência sérvia. Murade morreu na batalha e foi sucedido por seu filho, Bayezid.

O rápido avanço dos turcos islâmicos na fronteira oriental da Europa angustiou os cristãos europeus, mas Bayezid, após aplacar os eslavos e consolidar suas posses na Europa, dirigiu sua atenção para o leste, à Ásia Menor. Contudo, Sigismundo liderou um exército húngaro até a Bulgária, o que fez com que Bayezid retornasse para proteger seus territórios europeus. Ele derrotou Sigismundo e incorporou a Bulgária ao seu domínio, voltando então o seu olhar para Constantinopla. Embora os bizantinos não lhe tivessem dado nenhum bom motivo, Bayezid sitiou a cidade — pela primeira vez, um governante turco tentava fazê-lo. Com a ajuda de Gênova e Veneza, e graças às suas impressionantes muralhas defensivas (algumas das quais seguem de pé até os dias atuais), Constantinopla foi capaz de resistir ao cerco até que este fosse finalmente levantado.

Os gregos antigos ensinavam que a nêmesis sucede à húbris. Se o fracassado cerco de Constantinopla foi um sinal da húbris, então o modo imprudente com o qual Bayezid lidou com uma incursão de Timur (Tamerlão) à Ásia Menor em 1402 trouxe consigo a inequívoca manifestação da nêmesis. Erros táticos, estratégicos e diplomáticos provocaram a derrota das forças otomanas na Batalha de Ancara. Bayezid foi capturado e feito prisioneiro, morrendo pouco tempo depois.[8]

No entanto, a derrota em Ancara não desacelerou a expansão otomana. Os soldados eslavos e as províncias balcânicas permaneceram leais aos turcos, e Timur não deu continuidade à sua vitória com novas campanhas na Ásia Minor. Em maio de 1453, os otomanos, sob o comando do sultão Maomé II, armados com um enorme canhão e beneficiados pelos avanços recentes da pólvora, finalmente romperam as até então impenetráveis muralhas ocidentais de Constantinopla e tomaram a cidade. Em julho do mesmo ano, as forças francesas utilizaram, pela primeira

---

[8] Ícaro deveria ter ouvido seu pai, Dédalo, e ter escolhido o caminho do meio, ou a justa medida, onde Aristóteles dizia que reside a virtude. Mas o jovem se tornou arrogante e aprendeu a lição da pior maneira.

vez, uma preponderância de artilharia de campanha com grande efeito sobre os ingleses na Batalha de Castillon, finalmente encerrando a Guerra dos Cem Anos. A pólvora havia amadurecido e ajudou a impulsionar uma rápida transição da guerra medieval para a guerra moderna.

Maomé fez de Constantinopla sua capital, e Santa Sofia, a grande basílica cristã construída por Justiniano em 537, tornou-se uma mesquita. Ironicamente, a cristandade ocidental, que falhou em fornecer uma assistência adequada a Constantinopla em sua luta contra o islamismo, beneficiou-se da queda da cidade ao receber estudiosos gregos que fugiram dos conquistadores turcos. Esses estudiosos trouxeram valiosos manuscritos gregos para o ocidente, contribuindo para a educação da Europa e para o surgimento do período que conhecemos como Renascimento.

8

Um século de sofrimento
Os rigores da vida medieval

A grande maioria da população medieval, talvez noventa por cento, pertencia à classe camponesa, vivia em uma aldeia ou próximo a ela e trabalhava na agricultura. Suas vidas eram governadas pela Igreja, por seu senhor e pelo ciclo anual de plantio e colheita. A vida na Idade Média podia ser precária, e uma colheita ruim podia significar fome e pobreza.

No entanto, apesar de todo o trabalho e das dificuldades que a agricultura implicava, a dieta da maioria dos camponeses[9] carecia de diversidade e era distribuída de forma desigual ao longo do ano. Muitos camponeses sobreviviam à base de mingau, sopa, cozido e um tipo de pão preto rústico e não fermentado, feito de trigo, centeio e aveia. Os vegetais estavam disponíveis durante parte do ano, mas os servos raramente consumiam carne até o final do século XIV, quando a carne, especialmente a de porco, passou a integrar sua dieta de forma regular. O leite de vaca, de ovelha e de

---

[9] Também chamados de "servos" ou "vilões".

cabra estava disponível durante todo o ano. O peixe podia entrar no cardápio, assim como o coelho, as aves e outros animais que os camponeses tinham permissão de seus senhores para caçar.

As mulheres tinham um papel subordinado em todos os níveis da sociedade medieval. As camponesas trabalhavam em diversas ocupações, realizando tarefas domésticas, fiando ou remendando roupas, tomando conta de crianças pequenas, cuidando da horta ou dos animais, e dedicando-se a um ofício ou comércio especializado. A confecção de roupas exigia bastante tempo, assim como a produção de alimentos, a obtenção de água potável, a construção e o reparo de casas e outros edifícios, o conserto de ferramentas e a coleta de lenha para a lareira. As vestimentas medievais raramente eram feitas de algodão, já que este precisava ser importado e era difícil de fiar usando os métodos disponíveis na época. As roupas eram confeccionadas com lã — uma mercadoria popular que constituía uma importante indústria — ou com linho, extraído das fibras da respectiva planta. Pouquíssimos camponeses possuíam mais do que duas mudas de roupa.

Os castelos e as mansões dos reis e dos nobres podiam ser espaçosos e luxuosos para os padrões medievais, mas, para o camponês médio, a vida dentro de casa significava uma habitação de madeira com um ou dois cômodos e chão de terra batida. Os animais viviam nas proximidades e, por vezes, dentro do ambiente doméstico, que estava constantemente suscetível ao fogo. Comerciantes e artesãos que dependiam do uso do fogo precisavam ser especialmente cuidadosos. As janelas eram pequenas e a iluminação interna era fraca, mesmo durante o dia. As chaminés eram incomuns na maioria das habitações camponesas e, se a fumaça proveniente do fogo da lareira não pudesse escapar por uma abertura ou fresta no telhado, o interior da casa ficava enfumaçado. A ventilação podia ser precária e o ambiente interno cheirava mal, já que os camponeses tomavam banho muito raramente — talvez apenas uma vez ao ano e, às vezes, nem isso. A habitação também era úmida e normalmente fria, especialmente à noite, quando as brasas incandescentes da lareira já estavam fracas demais para fornecer algum conforto. Para fazerem suas necessidades fisiológicas, as pessoas iam até latrinas construídas sobre fossas e se limpavam com feno, palha ou capim.

A vida doméstica comunitária nos tempos medievais significava que a privacidade, se existisse, era limitada a dormir sozinho — embora a maioria das pessoas na Idade Média dormisse nua e, frequentemente, com outras pessoas na mesma cama. O sexo acontecia em meio a todos. Amamentar em público não era incomum, e a familiaridade que o povo medieval tinha com os seios femininos, somada ao seu modo de vida comunitário, explica por que vários soldados com os quais Joana serviu viram seus seios e comentaram que eram belos. Essa informação soa estranha às sensibilidades modernas, especialmente pelo fato de Joana proteger sua virgindade com tanta firmeza, mas a vida nas aldeias medievais fazia com que esse tipo de ocorrência fosse comum.

Como era de se esperar, os camponeses passavam a maior parte de suas vidas ao ar livre, ainda que muito poucos viajassem para longe de sua aldeia. Aqueles que o faziam, por vezes, saíam em peregrinação a um local definido pela Igreja como sagrado. Para a maioria dos camponeses, isso significava igrejas regionais, catedrais ou santuários, mas aqueles que podiam arcar com uma viagem mais longa faziam peregrinações a Roma, Jerusalém, Santiago de Compostela e à Catedral de Canterbury. As razões para sair em peregrinação variavam: devoção, penitência, cura de uma doença, lesão ou males físicos, ou para pedir uma graça para si mesmo ou para outra pessoa, incluindo parentes falecidos. Durante a Idade Média, as pessoas também viajavam a negócios e para participar de feiras e festivais, que eram tão importantes e característicos da vida medieval. Esses eventos eram mais do que uma fonte de entretenimento: serviam como dias de folga e representavam o mais próximo de férias que a maior parte da população medieval poderia experimentar.

Como vimos, a Peste Negra contribuiu para o crescimento da classe média, majoritariamente em cidades e aldeias, mas também no interior. Os famosos arqueiros ingleses, por exemplo, eram em sua maioria *yeomen* — camponeses livres que possuíam pequenas propriedades rurais — contratados pelo rei em tempos de guerra. Nas cidades e aldeias, os burgueses — ou habitantes que viviam em recintos fortificados — incluíam comerciantes de classe média e artesãos especializados. Normalmente, esses burgueses não respondiam a um senhor, mas a um burgomestre ou prefeito. Os artesãos tinham seu próprio *cursus honorum*, que começava com o posto de aprendiz (geralmente destinado a meninos), seguia para a posição de oficial e finalmente culminava no reconhecimento do profissional como especialista ou mestre. Nesse ponto, eles se tornavam membros de uma guilda de ofício, a versão medieval dos sindicatos trabalhistas dos dias modernos.

Alguns desses artesãos se tornaram ricos, assim como muitos comerciantes, especialmente aqueles que viajavam para fora. O aumento da renda e do status social é frequentemente acompanhado pelo interesse na educação e pela demanda por livros. Durante a Alta Idade Média (c. 476–c. 1000 d.C.) e a Idade Média Central (c. 1000–c. 1300), os livros eram raros e costumavam ser encontrados apenas em monastérios. No entanto, durante a Baixa Idade Média (c. 1300–c. 1450), a alfabetização aumentou, e tanto os livros quanto a educação se tornaram mais amplamente disponíveis. Esses fatores contribuíram para o aumento do poder da classe média e, em 1454, quando Johannes Gutenberg usou a primeira prensa de tipos móveis para imprimir a Bíblia, uma população cada vez mais alfabetizada estava ansiosa para se beneficiar de sua invenção revolucionária.

Apesar desse progresso social, a Europa dos séculos XIV e XV continuava sendo um lugar violento. Em todas as sociedades, sempre haverá aqueles que possuem inclinação para o serviço militar, o combate e a guerra por escolha própria; porém, muitos jovens na sociedade medieval eram levados a essas ocupações por necessidade. Os métodos agrícolas não haviam avançado muito desde a época do Império Romano e eram bastante ineficientes para os padrões atuais. Os filhos de famílias camponesas cujas terras não produziam sustento suficiente para manter uma família em crescimento não tinham outra escolha a não ser partir, e às vezes buscavam emprego como soldados ou mercenários. Do mesmo modo, os filhos de nobres que não estavam destinados a herdar as terras e propriedades de seus pais frequentemente eram treinados como cavaleiros. Quando atingiam a maioridade, deixavam as propriedades de seus pais para buscar fortuna em outros lugares e, com um pouco de sorte, podiam conquistar um feudo ou ducado para si.

Na Idade Média, as batalhas campais entre dois grandes exércitos sob o comando de um rei ou de um grupo de senhores eram raras, pois tais batalhas eram caras, arriscadas e imprevisíveis. A perda de homens e cavalos, juntamente com materiais bélicos e reféns capturados, servia como um dissuasor suficiente para empreendimentos de tão grande escala. Muito mais comuns eram as escaramuças, as incursões, os saques, as pilhagens para obtenção de espólios, o forrageamento e a captura de reféns para resgate. Esse tipo de guerra era frequente na Guerra dos Cem Anos, já que era eficaz em destruir as economias locais e causava grandes dificuldades financeiras ao rei francês e aos seus senhores. Os castelos eram relativamente efetivos como forma de defesa, mas não eram móveis e não podiam resolver totalmente o problema dos bandos itinerantes de soldados e mercenários, que desempenharam um papel tão proeminente e destrutivo durante a Guerra dos Cem Anos.

Para alguns, era apenas um pequeno passo fazer a transição de servir em um exército organizado, sob o comando de um rei ou de um nobre, para reorganizar-se em bandos de mercenários sob a liderança de um capitão, quando o senhor não mais precisava de seus serviços e dissolvia seu exército. Pior ainda, podiam reorganizar-se em gangues de salteadores, assassinos e ladrões. Os grupos de homens treinados para o combate, sem nenhum outro meio de subsistência, podiam facilmente usar suas habilidades marciais para seus próprios fins. A companhia de soldados que ontem lutava por uma causa nobre ou pelos direitos de seus senhores podia se tornar o bando de saqueadores de estradas e aldeias de hoje, abrigando-se nos muitos bosques e florestas que cobriam a paisagem medieval. Viajar podia ser perigoso, sobretudo sozinho ou em um grupo pequeno, o que constituía mais uma razão pela qual os camponeses permaneciam próximos às suas aldeias.

A justiça na Idade Média, quando existia, era frequentemente violenta e, às vezes, brutal. Isso não significa que era sempre administrada com imparcialidade, já que os juízes e xerifes estavam suscetíveis ao suborno, e muitos se tornavam corruptos. Quando se fazia presente, a justiça muitas vezes adotava formas que hoje consideraríamos cruéis e incomuns. Aqueles que eram meramente suspeitos de um crime eram, por vezes, submetidos a julgamentos severos para provar sua inocência (por exemplo, lutar em combate, ser amarrado e posteriormente lançado à água, e ser exposto ao fogo ou forçado a atravessá-lo). Às vezes, esses julgamentos eram presididos por membros da hierarquia da Igreja.

Se alguém fosse declarado culpado por um crime, podia ser submetido a um pelourinho ou cepo, ou torturado de diversas maneiras, o que por vezes levava à morte, à invalidez permanente ou à desfiguração. Se o delito fosse grave o bastante, o infrator poderia ser executado. Bruxas e hereges eram queimados na fogueira — o destino que Joana foi obrigada a sofrer.

A população medieval vivia próxima à pobreza. Uma única fatalidade — uma lesão debilitante, a morte precoce de um pai ou marido, um incêndio causado por uma centelha da lareira ou que se propagasse da casa de um vizinho — poderia tornar uma família indigente e dependente da caridade dos outros.

Também se vivia próximo à morte. Havia uma alta taxa de mortalidade de crianças e adolescentes durante a Idade Média, e aqueles que chegavam até os sessenta anos provavelmente haviam experimentado muitas dificuldades, desconfortos e dores físicas provocados por ferimentos, doenças, parasitas e infecções. O conhecimento medieval da medicina era limitado. A cirurgia era rudimentar e incluía sangrias, e a teoria dos germes ainda não havia sido proposta. Havia falta de higiene e problemas de saneamento nas ruas superlotadas de povoados e cidades. Em todo lugar, as pessoas viviam em meio a ratazanas, moscas, camundongos e piolhos. Ingerir carne crua ou malcozida podia levar a infecções por vermes intestinais ou outros parasitas. Uma vida inteira de trabalho físico árduo causava artrite, e a falta de frutas e vegetais levava à deficiência de vitaminas e escorbuto. Dentes frouxos, quebrados e podres, uma higiene oral que não incluía escova ou creme dental, dejetos humanos e animais, mordidas de animais e infecções eram parte ordinária da vida. Exércitos itinerantes e bandos de saqueadores eram apenas uma forma de violência dentre muitas outras, e a falta de prisões e de agentes da lei significava que a ocorrência da criminalidade de forma regular tornava a vida ainda mais precária e perigosa.

Esses foram os tempos em que Joana viveu. Vale destacar que, mesmo em meio a essas pessoas duras e resistentes, Joana era considerada por seus contemporâneos como especialmente dotada de força física, resistência, coragem e uma notável capacidade de se recuperar de enfermidades e ferimentos.

9

Um século de sofrimento
A família real

Para alguém nascido de sangue real, o destino havia imposto muitas desvantagens a Carlos VII desde seu nascimento. Ele era o décimo primeiro filho de Carlos VI (1368–1422) e Isabel da Baviera (1371–1435), filha de Estêvão III, duque da Baviera. Jamais deveria ter sido rei, mas a maioria de seus irmãos morreu antes de 1422, ano em que se tornou o delfim da França e herdeiro ao trono:

1. Carlos, o primogênito (n. 1386), viveu apenas três meses.

2. Joana (n. 1388) viveu apenas até 1390.

3. Isabel (n. 1389), que se tornou a esposa do malfadado Ricardo II da Inglaterra, morreu em 1409, aos vinte anos.

4. Joana (n. 1391) morreu aos quarenta e um anos, em 1433.

5. Carlos (n. 1392) viveu oito anos, até 1401.

6. Maria (n. 1393) morreu aos quarenta e cinco anos, como freira, em 1438.

7. Micaela (n. 1395) se tornou a segunda esposa de Filipe, o Bom, duque da Borgonha, um rival de Carlos VII; morreu em 1422, aos vinte e sete anos.

8. Luís (n. 1397) tinha dezoito anos quando morreu, em 1415.

9. João (n. 1398) foi o delfim até sua morte, em 1417, o que abriu caminho para que Carlos VII herdasse o trono da França.

10. Catarina (n. 1401) se tornou a esposa de Henrique V da Inglaterra como parte do Tratado de Troyes, que deserdou Carlos VII de sua reivindicação ao trono; viveu para ver Carlos VII recuperar grande parte do território dos ingleses e morreu em 1437.

11. Carlos VII (n. 1403), que, com a ajuda de Joana, *la Pucelle*, se tornou rei da França; viveu mais do que todos os seus irmãos e morreu em 1461, aos cinquenta e oito anos.

12. Filipe (n. 1407) viveu somente alguns meses; 1407 foi também o ano em que João Sem Medo, duque da Borgonha, ordenou o assassinato de seu rival, Luís de Orleans, o que precipitou o início da guerra civil francesa.

O número e a frequência de mortes na família real certamente representaram um grande peso para o rei e a rainha, mesmo em uma época em que a mortalidade infantil era elevada. Contudo, os infortúnios de sua família não terminaram aí. Jamais houve um momento em que Carlos VII conhecesse seu pai livre da severa doença mental. Os primeiros surtos de loucura de Carlos VI — hoje considerados como possíveis episódios de esquizofrenia —

ocorreram em 1392, quando o rei matou quatro homens durante uma operação militar. Durante aqueles intervalos em que o monarca estava muito debilitado para governar, Filipe, o Audaz, duque da Borgonha, governava em seu lugar. Porém, quando estava mentalmente lúcido, Carlos confiava nos conselhos de Luís, duque de Orleans. Isso intensificou uma rivalidade política entre os dois grandes senhores, cada qual aproveitando a oportunidade de lucrar como a isenção de impostos sobre as terras quando o poder passava para suas mãos. A tensão entre eles e entre seus sucessores acabaria se tornando letal e teria consequências desastrosas para a França, que se estenderiam até o reinado de Carlos VII.

Assim como seu esposo, Isabel também sofreu com distúrbios mentais. Apesar de nunca ter chegado à insanidade, experimentou altos níveis de ansiedade e tinha numerosas fobias. Sua saúde física se deteriorou quando contraiu gota, e ela acabou se tornando tão obesa que mal conseguia andar. Isabel era notoriamente promíscua, o que deu credibilidade à sua alegação, na ocasião do Tratado de Troyes, em 1420, de que Carlos VII era ilegítimo. Ela também contribuiu intensamente para a política partidária polarizadora que resultou na guerra civil. Quando Carlos era jovem e estava sendo criado na corte francesa, Isabel o mimava; porém, mais tarde, voltou-se contra ele e aliou-se ao seu rival, João Sem Medo.

A guerra civil havia atingido o seio da família real.

10

Um século de sofrimento
A Guerra dos Cem Anos (1413 a 1429)

Em 1413, Henrique V se tornou rei da Inglaterra. Forte, enérgico, viril e jovial, um brilhante comandante militar e líder nato, Henrique estava determinado a unir o povo da Inglaterra sob seu reinado e conquistar o trono da França, senão para si mesmo, então para seu sucessor. Em 1415, os ingleses, comandados por Henrique, desembarcaram na França. Após uma expedição militar que infligiu grandes sofrimentos ao povo da Normandia, Henrique derrotou os franceses em Azincourt em 25 de outubro, em uma das batalhas mais importantes e famosas da Idade Média.

Batalhas campais de grande escala eram raras nos tempos medievais, mas o século XIV foi palco de algumas que se tornaram lendárias, mesmo que não tenham sido decisivas. A Batalha de Azincourt se assemelhou a batalhas anteriores, quando arqueiros e soldados de infantaria comuns foram capazes de impor uma derrota desastrosa a cavaleiros bem remunerados e senhores de grande prestígio:

- As milícias flamengas derrotaram um exército professional de cavaleiros franceses na Batalha de Courtrai, em 1302.

- Roberto Bruce liderou uma força escocesa de menores proporções, composta por piqueiros e cavalaria leve, e derrotou o exército inglês de Eduardo II, que era maior, na Batalha de Bannockburn, em 1314.

- Os arqueiros ingleses, sob o comando de Eduardo III, dizimaram uma força de cavaleiros franceses muito mais numerosa na Batalha de Crécy, em 1346.

- A maior vitória inglesa na Guerra dos Cem Anos — e uma que causou grande turbulência política na França — foi a Batalha de Poitiers, em 1356, na qual os arqueiros ingleses massacraram os cavaleiros franceses e capturaram o rei da França, João II (r. 1350–1364), e muitos outros nobres franceses. João morreu em Londres, em 1364, antes que seu resgate pudesse ser pago.

No entanto, antes da Batalha de Azincourt, nenhum dos lados acreditava que os ingleses tinham chance de replicar alguma dessas famosas vitórias. O contingente francês era significativamente maior, e muitos ingleses estavam sofrendo de desinteria. Na noite anterior à batalha, os ingleses tinham um ar sombrio enquanto ouviam os cantos jubilosos vindos do acampamento francês, confiantes de que o dia seguinte os traria uma vitória gloriosa e nobres capturados a fim de pedirem resgate. Henrique caminhou por entre suas tropas desanimadas, encorajando-os a recuperar o senso de esperança que haviam perdido.

Para tornar a situação pior, choveu torrencialmente naquela noite. Encharcados, doentes e exaustos, os ingleses estavam no final de uma campanha de pilhagem e se encontravam carregados de espólios que não teriam utilidade alguma em batalha. No entanto, a chuva também caiu sobre os franceses, e, ainda mais importante, caiu sobre o campo de batalha. Se o tempo favoreceu alguém naquela noite, foi aos ingleses. Henrique possuía uma outra vantagem crucial: quatro mil arqueiros, que acompanhavam seus dois mil soldados combatentes. E, mais uma vez, os arqueiros ingleses, como já haviam feito em batalhas anteriores contra os franceses, provaram seu valor inestimável no campo de batalha medieval.

Delimitado em ambos os lados por áreas de bosque, o terreno estava fofo, coberto por grama úmida e lama, totalmente inadequado para os cavaleiros franceses em pesadas armaduras e para os cavalos de guerra protegidos por equipamentos de batalha. Apesar da severa desvantagem e seguindo uma tradição de longa data, os franceses marcharam contra os arqueiros ingleses e, como em Crécy e Poitiers, foram dizimados em massa. Flechas escureciam o céu enquanto cavalos e homens atolavam na lama, escorregando e caindo uns sobre os outros. Incapazes de se levantar devido ao peso de suas armaduras, os homens jaziam em montes, alguns mortos, outros ainda vivos. Cavalos relinchando, homens gritando, flechas voando. Em um determinado momento, os franceses pareciam estar prestes a romper a linha inglesa, e Henrique, para sua eterna infâmia e contra todas as regras da guerra cavalheiresca, ordenou o assassinato dos franceses que haviam se rendido como prisioneiros em troca de resgate.

Ao final, milhares de corpos franceses cobriam o campo, enquanto o número de ingleses mortos era de apenas algumas centenas. Henrique retornou à Inglaterra em meio a celebrações triunfais, aclamado como um grande rei e renomado comandante militar. Azincourt foi uma vitória tão desigual quanto Crécy e Poitiers. Entre os capturados estava Carlos, duque de Orleans, cujo meio-irmão, João de Orleans, lideraria a defesa da cidade contra o cerco promovido pelos ingleses em 1428–1429, e, posteriormente, faria contribuições vitais como general do exército de Carlos VII. João de Orleans (nomeado conde de Dunois em 1439) se tornaria um compatriota de Joana e, como veremos mais tarde, demonstraria enorme paciência diante de sua insistência em sempre tomar a iniciativa em batalha. Em certos aspectos, Joana se assemelhava aos seus conterrâneos, os cavaleiros franceses excessivamente confiantes em Crécy, Poitiers e Azincourt, que se lançaram imprudentemente em batalha. Porém, sua agressividade implacável derivava de sua fé em Deus e nas vozes que ouvia, e da crença de que Deus traria a vitória, em vez da honra cavalheiresca e da esperança de capturar nobres como reféns.

Em 1416, o imperador Sigismundo visitou a França e a Inglaterra em uma tentativa de estabelecer a paz, mas nenhum progresso foi feito e Henrique invadiu a Normandia novamente em 1417. Naquele ano, também ocorreu a morte de João, delfim da França,[10] deixando o título para seu irmão, Carlos. Após os borgonheses tomarem Paris em 1418, Carlos fugiu da cidade e estabeleceu sua corte em Bourges. Seu casamento com Maria de Anjou, filha de Luís de Anjou, rei de Nápoles, e de Iolanda de Aragão, afirmou sua posição na facção dos armagnacs.

As tensões entre os borgonheses e os armagnacs foram ligeiramente aliviadas quando Carlos tentou se reconciliar com João Sem Medo, que havia herdado o ducado quando seu pai, Filipe, o Audaz, morrera em 1404. Contudo, em uma segunda reunião, em setembro de 1419, João — que, em 1407, havia ordenado o assassinato de Luís de Orleans, seu tio e amante de Isabel — foi morto com um golpe de machado na cabeça, desferido por um dos armagnacs. Carlos estava presente no homicídio, mas não se sabe ao certo se sabia do plano de assassinato. Ainda assim, foi veementemente culpabilizado pelos borgonheses.

Todos esses acontecimentos contribuíram para precipitar o Tratado de Troyes. Como vingança pelo assassinato de João Sem Medo,[11] os borgonheses ajudaram Henrique a tomar Paris e capturar o Rei Carlos VI. Henrique conseguiu impor sua vontade ao debilitado monarca francês e tomou como esposa Catarina de Valois, filha de Carlos e dois anos mais velha que seu irmão,

---

[10] O termo "delfim" deriva do francês *dauphin*, que significa "golfinho" em português. O herdeiro do trono francês era chamado de delfim porque seu estandarte trazia a figura de um golfinho.
[11] Cuja intrepidez pode ter custado sua vida.

Carlos VII. O tratado também estipulou que Henrique e seu sucessor, fruto de sua união com Catarina, seriam reconhecidos como herdeiros legítimos ao trono da França após a morte de Carlos VI. O Tratado de Troyes foi firmado em 21 de maio de 1420.

A aliança anglo-borgonhesa que resultou desse tratado consolidou e formalizou a guerra civil francesa em curso. Isabel vivia sob proteção borgonhesa e apoiava o tratado que deserdava Carlos VII do trono da França. Na ocasião da assinatura, ela insinuou que Carlos era ilegítimo — considerado por alguns como filho de seu amante, Luís de Orleans — e, portanto, não era o herdeiro por direito. A aliança borgonhesa com os ingleses e a insinuação de sua ilegitimidade por parte de sua mãe foram golpes severos para Carlos. Durante anos, muitos acreditaram que ele não poderia herdar legitimamente o trono "pela vontade de Deus" e ser investido com o poder sagrado conferido apenas aos reis legítimos.

O destino interveio, contudo, e Henrique faleceu em 1422, aos trinta e cinco anos, de uma desinteria contraída no cerco de Meaux. O rei era religioso segundo os padrões de sua época e estava lendo um livro sobre a Primeira Cruzada pouco antes de morrer. Henrique esperava unir a Inglaterra e a França em uma cruzada à Terra Santa, mas sua morte prematura pôs fim à sua aspiração piedosa. Apenas dois meses depois, Carlos VI veio a falecer e o trono da França ficou vacante.

Henrique VI, o filho recém-nascido de Henrique V e Catarina, foi reconhecido como rei pelos ingleses e pela facção anglo-borgonhesa. Carlos VII, aos dezenove anos, foi proclamado rei pelos delfinistas, com a justificativa de que Carlos VI não estava em condições mentais de aceitar os termos especificados no Tratado de Troyes. Os delfinistas que acreditavam que Carlos VII era ilegítimo apoiaram Carlos, duque de Orleans, primo de Carlos VII. Porém, o duque ainda estava na Inglaterra, sendo mantido como refém em confinamento confortável depois de ter sido capturado na Batalha de Azincourt.

Após a morte de Henrique, os conflitos de pequena escala continuaram. Castelos foram sitiados e aldeias, povoados e fazendas foram saqueados. Os ingleses concluíram a conquista da Normandia na Batalha de Verneuil, em 1424, e João de Lancaster, duque de Bedford e irmão do falecido Henrique V, governou como regente do jovem Rei Henrique VI. Bedford, um comandante militar competente, embora de temperamento difícil, estava determinado a garantir o reino da França para seu sobrinho. Auxiliado por sua aliança com Filipe, duque da Borgonha, ele consolidou suas posses no norte da França e iniciou uma campanha militar com o objetivo de controlar o Rio Loire. Para que seu plano fosse bem-sucedido, precisava tomar a cidade fortificada de Orleans, o que abriria caminho para o principal reduto de Carlos, em Bourges. Em 1428, os ingleses sob o comando de Bedford sitiaram Orleans.

Carlos se encontrava em uma posição aparentemente impossível. Seu tesouro estava quase esgotado e suas forças militares eram insuficientes para expulsar os ingleses da Guiena e da Normandia. Além disso, não conseguiu consumar sua reivindicação ao trono, em grande parte porque Reims, a cidade tradicional das coroações francesas, estava nas mãos dos ingleses. Apoiado por sua sogra, Iolanda de Aragão, ele aguardou apreensivamente no que restava de seu território ameaçado ao sul do Rio Loire. Gastou mais do que podia para manter uma corte nos diversos castelos que ainda estavam sob seu controle. Salvo por uma reviravolta extraordinária, parecia ser uma questão de tempo até que os ingleses, com a ajuda dos borgonheses, completassem o que restava da conquista da França. Houve momentos em que ele considerou fugir.

A chegada de Joana ao cenário em 1429 é, de certo modo, uma peculiaridade histórica. O levantamento do cerco de Orleans — no qual ela foi decisiva, senão de um ponto de vista militar, então de um ponto de vista espiritual e motivacional — marcou um ponto de virada na vida de Carlos e na Guerra dos Cem Anos, que ficará para sempre registrado nas páginas da história da civilização ocidental.

Parte 2

A missão da Donzela

Vede, irmãos, o vosso grupo de eleitos: não há entre vós muitos sábios, humanamente falando, nem muitos poderosos, nem muitos nobres. O que é estulto no mundo, Deus o escolheu para confundir os sábios; e o que é fraco no mundo, Deus o escolheu para confundir os fortes; e o que é vil e desprezível no mundo, Deus o escolheu, como também aquelas coisas que nada são, para destruir as que são. Assim, nenhuma criatura se vangloriará diante de Deus.

I Coríntios 1,26–29

11

Um herói é escolhido
Nascimento e infância (1412 a 1428)

Na época do nascimento de Joana, em 1412, grande parte da França era uma terra de vidas arruinadas, esperanças frustradas, sonhos desfeitos, propriedades devastadas e pontes queimadas. Então, veio o milagre de Joana: um momento *Deus ex machina* na história da França e da Europa ocidental, que serviu como catalisador de uma série de reveses contra o poderio inglês no continente. O levantamento do cerco de Orleans, no qual ela teve um papel crucial, alterou o curso da guerra e mudou a história. Sua carreira militar seria breve, durando apenas cerca de um ano; porém, nesse período, Joana contribuiria de forma decisiva para a coroação de um rei francês e para a perda de todas as posses territoriais da Inglaterra na França — apenas vinte e dois anos após sua morte, em 1431.

Nos tempos medievais, poucos registros acerca do povo camponês eram conservados, mas sabemos muito sobre Joana graças às transcrições de seus dois julgamentos. O primeiro julgamento resultou em uma condenação por heresia. No entanto, em uma reviravolta surpreendente (ou talvez um exemplo evidente de ironia divina), sua denúncia e difamação motivaram um segundo julgamento, que produziu mais documentações e acabou levando à sua canonização em 1920.

É possível narrar adequadamente a história de Joana sem fazer referência à insondabilidade da vontade divina? Sendo apenas uma jovem camponesa de uma pequena e insignificante aldeia do leste da França, foi chamada por vozes misteriosas para uma missão que estava além de suas capacidades. Chegou ao fim de sua vida aos dezenove anos como uma das mulheres mais famosas da história ocidental, aclamada ao longo dos séculos como um símbolo da identidade e do nacionalismo francês, canonizada pela Igreja que a condenou e depois a absolveu — e que, por fim, consolidou seu triunfo ao nomeá-la santa padroeira da França. Poderia a explicação de uma sequência de eventos tão improvável omitir justamente o reconhecimento das maneiras incompreensíveis pelas quais o Senhor da História age nas vidas de seus santos-heróis? Poderia a ascensão dessa Donzela ser atribuída a qualquer outra causa que não à obra da divina providência? E acaso não eram suas vozes verdadeiras quando lhe diziam que Deus a salvaria?

~

Como veremos, há muito de extraordinário na vida de Joana, mas houve pouco de extraordinário em seu nascimento. Nascida em 1412, era a segunda menina e quarta dentre os filhos de Jacques d'Arc, um camponês agricultor e pequeno funcionário de

Domrémy, e de Isabelle, chamada Romée, que proporcionou à Joana toda a educação religiosa que ela viria a receber. Ambos eram analfabetos, assim como Joana.[12] A casa da família ficava localizada próximo à igreja da aldeia, e o fato de que era feita de pedra e não de madeira, além de Jacques ter conseguido criar cinco filhos saudáveis, significa que seu pai era um homem de certa posição social dentro de sua comunidade, possuindo ao menos uma riqueza modesta para um camponês.

Assim como outras meninas de sua idade e classe social, Joana aprendeu a fiar e costurar, realizava tarefas domésticas, cuidava dos animais e trabalhava na horta e no campo quando necessário, especialmente na época da colheita. Era uma entre cinco filhos, tendo três irmãos e uma irmã.[13] De acordo com as transcrições de seu processo de reabilitação, era uma menina excepcionalmente piedosa, um traço que parece ter herdado de sua mãe, que havia feito peregrinações e mantinha um confessor dominicano. Também sabemos que a família de Joana era sociável, trabalhadora e respeitada em sua aldeia, e que Joana era articulada, inteligente e popular. A virtude moral e intelectual que Joana aprendeu a praticar desde uma tenra idade se mostraria crucial durante sua missão pública e no último ano de sua vida.

---

[12] Mais tarde, Joana aprendeu a assinar seu nome, e temos cartas originais ditadas por ela, nas quais ela colocou sua assinatura.

[13] Jacquemin, Jean e Pierre eram mais velhos que Joana, mas não se sabe se ela era mais velha ou mais nova que Catherine, que morreu antes de Joana iniciar sua missão pública.

Domrémy era leal a Carlos VII e aliada à causa dos armagnacs, mas estava localizada na região nordeste da França, longe da fortaleza do delfim e isolada de qualquer proteção que ele ou seus aliados pudessem prover. A guerra civil que começou em 1407 não havia atingido Domrémy durante a infância de Joana, embora os rapazes de sua aldeia lutassem contra os de Maxey, uma aldeia situada do outro lado do Rio Mosa, que era aliada da Borgonha. De fato, Domrémy estava cercada por todos os lados por territórios leais ao duque da Borgonha, e os estragos da guerra não podiam ser evitados para sempre. Era apenas uma questão de tempo até que a serenidade dos primeiros anos da vida de Joana fosse despedaçada pela guerra característica daquela época e localidade.

Joana tinha três anos quando Henrique V derrotou os franceses em Azincourt. Em 1423, Roberto de Saarbruck exigiu dinheiro do povo de Domrémy em troca de proteção, mas isso se mostrou inútil quando, em 1425, a aldeia foi atacada por saqueadores borgonheses leais ao rei da Inglaterra. O gado foi levado, as casas incendiadas e os objetos de valor roubados. Os aldeões recuperaram parte de seus bens roubados graças à generosidade de um senhor local e seus cavaleiros, que pegaram em armas contra os saqueadores. No entanto, a igreja da aldeia foi incendiada e saqueada, e muitas casas só puderam ser reparadas com grande dificuldade. Joana testemunhou em seu julgamento que esse ataque galvanizou os cidadãos de Domrémy contra os ingleses, mas admitiu que eles detestavam os borgonheses ainda mais.

Joana tinha treze anos à época do ataque, e pouco depois começou a ouvir as vozes de São Miguel Arcanjo, Santa Margarida (provavelmente Margarida de Antioquia) e Santa Catarina (provavelmente Catarina de Alexandria). O primeiro episódio ocorreu quando ela estava na horta de seu pai. Ouviu uma voz acompanhada por uma luz brilhante, que vinha da direção da igreja — uma voz que identificou como pertencendo a São Miguel. As primeiras revelações a exortaram a preservar sua virgindade em prol de sua salvação, e, mais tarde, foi-lhe dito que ela havia sido escolhida pelo "Rei dos Céus" para "trazer reparação ao reino" da França. Joana permaneceu fiel e, na maior parte do tempo, obediente a essas vozes pelo resto de sua vida, pois acreditava que chegavam até ela pela vontade de Deus.

As vozes de Joana e as visões que as acompanhavam são uma peculiaridade histórica e, à época, foram notáveis devido às profecias que circulavam pelo interior francês a respeito de uma "virgem" ou "donzela" que surgiria e salvaria a França. Joana identificou-se com tais profecias, adquirindo assim certa autoridade e credibilidade, e, especialmente durante o cerco de Orleans, tornou-se conhecida como a virgem que salvaria a França. Isso foi crucial para sua autoimagem e identidade. Joana era *a* "virgem" ou "donzela" — "Jehanne la Pucelle", como ela mesma se intitulava — que havia chegado para expulsar os ingleses da França, se necessário, por meio de batalhas e derramamento de sangue.

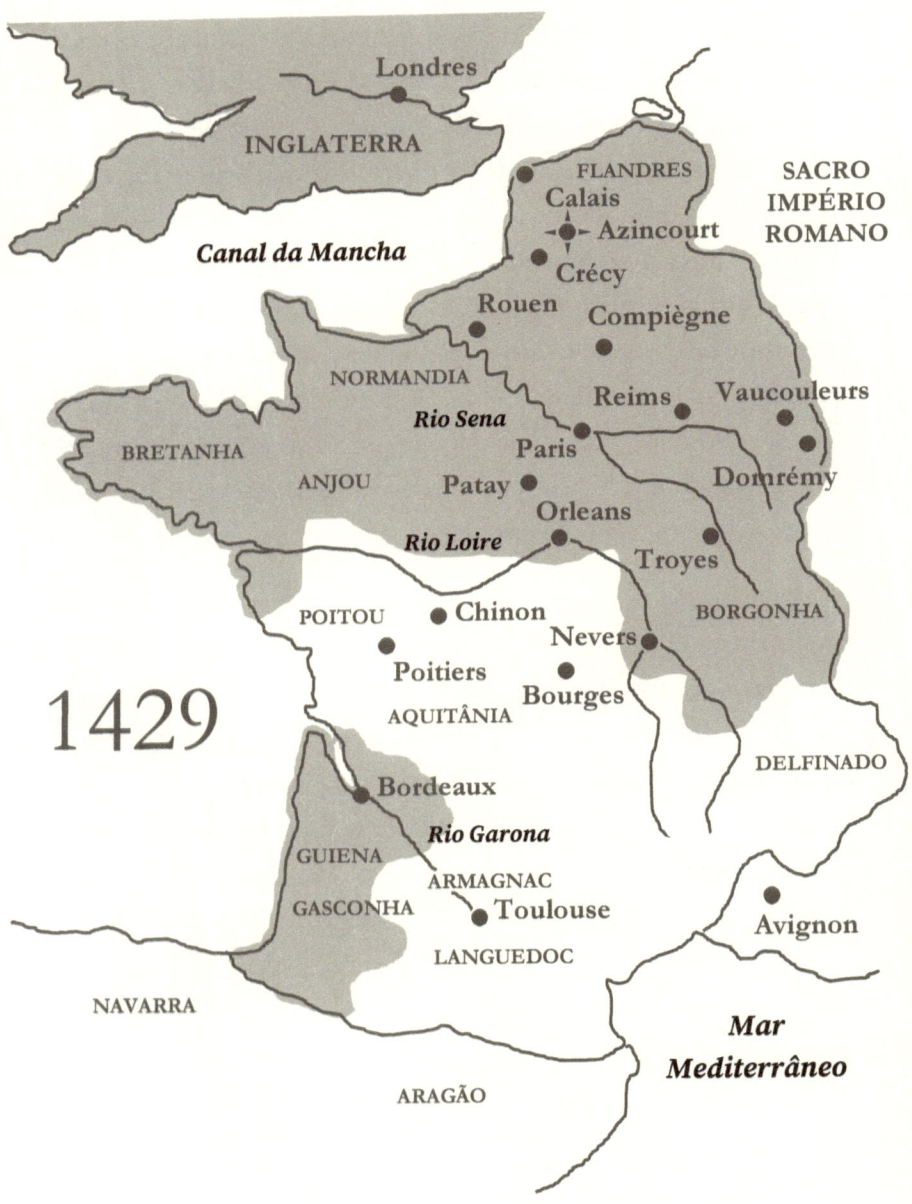

12

A plenitude dos tempos
A ascensão da Donzela (1428 a 1429)

Joana continuou a ouvir vozes e a ter visões até 1428, embora não tenha contado a ninguém. Grande parte das revelações dizia respeito a ela pessoalmente, e enfatizava especialmente a necessidade de preservar sua virgindade. Certa vez, foi cortejada por um jovem rapaz que desejava casar-se com ela, cujos esforços ela rejeitou, sendo auxiliada por um tribunal eclesial que se posicionou a seu favor.

Quando tinha dezesseis anos, as vozes de Joana a instruíram a ir a Vaucouleurs, uma fortaleza próxima leal a Carlos VII. Foi nesse momento que começaram a prepará-la para sua missão pública de resgatar a França da incessante guerra e coroar Carlos VII rei da França. As vozes lhe ordenaram que não contasse aos seus pais sobre sua intenção de ir a Vaucouleurs; então, em maio de 1428, ela obteve permissão para se hospedar na casa de sua prima, em uma cidade próxima. Uma vez lá, convenceu o marido de sua prima, Durand Laxart, a levá-la até Vaucouleurs.

Quando chegaram a Vaucouleurs, Joana imediatamente reconheceu, com a ajuda de suas vozes, o comandante da fortaleza armagnac, Roberto de Baudricourt, mesmo sem jamais tê-lo visto. Se aproximou corajosamente dele e pediu uma escolta armada até Chinon, onde se encontrava a corte itinerante do delfim. Baudricourt recusou categoricamente. Naquela época, não era incomum que meninas ou jovens mulheres acreditassem ter a missão divina de salvar a França, e deixassem suas casas para se apresentarem diante de senhores importantes a fim de pedir-lhes apoio militar. Joana retornou a Domrémy desapontada, mas com sua virgindade intacta — o que poderia ter sido diferente, já que Baudricourt era um notório mulherengo.

Domrémy foi mais uma vez invadida por saqueadores borgonheses em julho de 1428, e Joana e sua família foram obrigados a fugir para Neufchâtel junto aos demais aldeões. Os ingleses e os borgonheses haviam iniciado recentemente uma nova campanha e tentaram tomar a fortaleza de Vaucouleurs, mas fracassaram. Orleans também foi sitiada, o que era uma péssima notícia para Carlos e os armagnacs.

Durante sua estadia em Neufchâtel, Joana conseguiu emprego em uma estalagem e, em seu tempo livre, aprendeu a montar a cavalo. Ela provavelmente o fez sob orientação de suas vozes, que continuaram a prepará-la para sua missão de levantar o cerco de Orleans durante as poucas semanas em que permaneceu em Neufchâtel. Mais tarde, ela testemunhou em seu julgamento que as vozes haviam lhe dito que viveria apenas cerca de um ano, o que ajuda a explicar sua impaciência característica e sua determinação em derrotar os ingleses e coroar Carlos como rei, já que devia sentir uma grande urgência em completar sua missão designada por Deus.

Sem comunicar seus pais, Joana retornou a Vaucouleurs em janeiro de 1429. Dessa vez, sua persistência foi recompensada, pois a força de sua personalidade e sua determinada convicção conquistaram para seu lado alguns dos oficiais de Baudricourt. Joana disse a Baudricourt que os ingleses estavam derrotando os franceses em uma batalha importante próximo a Orleans, e, dias depois, um mensageiro chegou confirmando sua clarividência. Em fevereiro, Baudricourt finalmente concordou em fornecer-lhe uma escolta armada para chegar até o delfim, atravessando territórios dominados pelo inimigo. Tendo em vista a convivência com homens em serviço militar, Joana cortou o cabelo curto e começou a vestir roupas masculinas, provavelmente por razões de ordem prática e com o intuito de preservar sua virgindade. Juntamente com a escolta, Baudricourt lhe deu um cavalo e uma espada.

Sua segunda estadia em Vaucouleurs, até sua partida para Chinon, foi um momento transformador para Joana, como se tivesse atingido um marco significativo em sua vida, ou como um importante rito de passagem. A partir desse momento, passou a referir-se a si mesma como "la Pucelle", em alusão à "donzela" que salvaria a França. Em 13 de fevereiro, partiu com sua escolta. Carlos II, duque de Lorena, ouviu falar de Joana e pediu que ela o visitasse no caminho para Chinon. O duque estava doente e esperava ser curado. Joana não realizou nenhuma cura, mas se dispôs a rezar por ele e o repreendeu por sua infidelidade à esposa e por manter uma amante. Em retribuição por suas orações e a seu pedido, Carlos permitiu que Joana partisse com seu filho, o duque de Anjou, e outros homens que lhe seriam úteis. Também recebeu um cavalo preto e quatro francos.

Após uma viagem de onze dias e 563 quilômetros, Joana e sua escolta chegaram a Fierbois, nas proximidades de Chinon. Ela enviou um mensageiro ao delfim para solicitar uma audiência e rezou na capela de Santa Catarina enquanto descansava. As notícias sobre Joana, *la Pucelle*, e sua missão de salvar a França já haviam se espalhado por todo o território francês, e o povo de Chinon aguardava sua chegada com grande esperança e curiosidade.

Carlos estava relutante em encontrá-la e pediu que fosse examinada por clérigos primeiro. Alguns dias depois, concordou em recebê-la, mas decidiu submetê-la a um teste. Ao entrar no salão real onde Carlos e seus cortesãos estavam reunidos, seus olhos procuraram pelo delfim entre a multidão, mas Carlos estava vestido com roupas que não o distinguiam dos demais. Sem jamais tê-lo visto, Joana imediatamente o reconheceu e se apresentou diante dele. Ela o saldou como rei da França e contou-lhe sobre a missão que havia recebido de levantar o cerco de Orleans e conduzir Carlos a Reims para ser ungido e coroado rei.

Contudo, um homem na posição de Carlos não podia se dar ao luxo de confiar demais. Após essa breve introdução, chamou Joana e falou com ela em particular. Não temos registros do que foi dito, mas, quando se juntou novamente aos cortesãos, Carlos estava animado e convencido o bastante para enviá-la a Poitiers para ser examinada por teólogos leais a ele. Foi lá que ela previu quatro eventos futuros, todos os quais se concretizaram:

1. O cerco de Orleans seria levantado.

2. Carlos VII seria consagrado e ungido rei da França em Reims (que ainda estava firmemente sob o domínio inglês naquele momento).

3. Carlos recuperaria a lealdade e a obediência de Paris (que seguia firmemente sob o domínio borgonhês).

4. Carlos, duque de Orleans, que estava sendo mantido prisioneiro na Inglaterra, seria libertado e retornaria à França.

Joana desempenhou um papel fundamental no cumprimento das duas primeiras previsões, e as outras duas foram cumpridas após sua morte, em 1431. O povo de Paris voltou a ser leal a Carlos em 1437. Depois, em 1440, após vinte e cinco anos de prisão e com a ajuda de seus antigos inimigos, Filipe, o Bom, e Isabel de Portugal, Carlos retornou à França como um homem livre. Tinha quarenta e seis anos quando foi libertado, e dizia-se que falava inglês melhor do que francês.

Os clérigos de Poitiers concluíram que Joana era uma católica devota e de caráter moral virtuoso. Eles pediram um sinal de que ela era enviada por Deus, e Joana respondeu que um sinal lhes seria dado em Orleans. Nenhuma objeção foi apresentada contra sua participação na libertação de Orleans, e uma recomendação foi encaminhada a Carlos sugerindo que sua presença ali poderia ser benéfica. Além disso, a situação serviria como um teste para a autenticidade das vozes de Joana. Após uma nova avaliação realizada pela sogra de Carlos, Iolanda de Aragão, para confirmar sua virgindade, Joana foi finalmente aceita como membro do exército de Carlos.

Carlos mandou fazer uma armadura especial para Joana, que pesava cerca de vinte e sete quilos. Ela ainda tinha a espada que Baudricourt havia lhe dado, mas pediu que uma espada específica fosse apanhada de trás do altar da capela de Santa Catarina em Fierbois, onde suas vozes lhe disseram que estaria. Descreveu a espada como tendo cinco cruzes, afirmando que estava enterrada na frente ou atrás do altar. Para o espanto de todos, os enviados para buscar a espada a encontraram, removeram facilmente a ferrugem e a trouxeram para Joana. Mais tarde, ela quebrou a espada sobre as costas de uma prostituta do acampamento, o que Carlos interpretou como um mau presságio.

Joana obteve permissão para desenhar seu próprio estandarte, que, de acordo com João de Orleans, trazia uma imagem de Cristo segurando uma flor-de-lis. Em seu julgamento, ela relatou que suas vozes a instruíram quanto ao desenho e que o amava mais do que qualquer outra de suas parafernálias militares. Seu estandarte se tornou famoso, e ela alegava que carregá-lo a impedia de matar alguém. A cavalo ou a pé, ele indicava às tropas francesas a localização de Joana no campo de batalha[14] e, por vezes, servia como uma espécie de grito de guerra. Seu estandarte se tornou um símbolo da resistência francesa contra os ingleses, e, assim como os antigos israelitas carregavam a Arca da Aliança para a batalha, o estandarte de Joana simbolizava o poder de Deus em meio ao exército da França.

Carlos lhe concedeu um escudeiro, João de Aulon, que era membro de seu conselho, juntamente com outros soldados, e conferiu-lhe uma certa autoridade, ainda que apenas honorária. Também lhe deu um confessor, Jean Pasquerel — provavelmente a pedido da própria Joana —, que era um frade mendicante e havia conhecido a mãe de Joana em uma peregrinação. Para completar sua comitiva, juntaram-se a ela seus irmãos, Jean e Pierre, que também receberam armaduras.

Os homens que serviram com ela eram leais e entusiasmados. Eles a enxergavam como a donzela da profecia, enviada por Deus; sua melhor esperança de impedir uma derrota quase certa diante dos ingleses. Joana nunca havia estado em uma batalha, nunca estudou para se tornar cavaleira nem aprendeu estratégias militares, e, até recentemente, nunca havia viajado para longe de sua aldeia natal, mas possuía qualidades que não podiam ser ensinadas. Era carismática, tinha espírito de guerreira e possuía uma extraordinária força física e mental. Era extremamente

---

[14] Não sabemos como era a aparência de Joana, mas há relatos que a descrevem como baixa e robusta, fisicamente forte e saudável.

inteligente e tinha uma memória excepcional, o que lhe permitia dar respostas incisivas, que eram úteis para ganhar o respeito dos homens. Também estava firmemente convicta que sua causa era justa e confiante no apoio divino que esperava receber.

Em resumo, sua fé era inabalável.

Um herói é escolhido

13

O momento heroico de Joana
A chegada da Donzela

Joana se juntou a um grupo de reforços em Blois, ao final de abril de 1429, antes de partir com eles para Orleans. A terrível situação dos armagnacs não era totalmente irremediável, mas os ingleses haviam cercado a cidade quase completamente, mesmo que algumas das fortificações fossem frágeis. A resistência dentro da cidade ainda não havia sido vencida, e os cidadãos de Orleans haviam recorrido a Filipe, duque da Borgonha, pedindo por clemência, já que seu senhor, Luís, duque de Orleans, estava preso na Inglaterra. Filipe teria tomado posse da cidade de bom grado em troca de sua neutralidade, mas Bedford rejeitou o acordo. Embora não tenha fornecido assistência militar para resistirem ao cerco, Filipe retirou um pequeno destacamento de soldados borgonheses que estavam lutando junto aos ingleses.

A entrada de Joana em cena serviu como um catalisador imediato para o ânimo francês. Enérgica e dominante, uma força motriz para a causa delfinista, demonstrava impaciência com qualquer estratégia que não envolvesse um ataque direto e frontal.

Sua inclinação era sempre para o ataque, e as ordens que dava nunca eram ambíguas. Ela dispunha de apenas um ano para completar sua missão divina e acreditava que só poderia fracassar devido à inércia ou à traição. As cartas que Joana ditou, destinadas ao duque de Bedford, estavam imbuídas de uma linguagem religiosa que definia sua causa como muito além de meramente política ou militar. Ela estava lutando sob o comando de Deus e receberia seu poder, e se Bedford e os ingleses se recusassem a se render, sucumbiriam ao poder de sua espada.

Joana chegou a Orleans e se uniu oficialmente ao exército armagnac em 29 abril de 1429. As forças de Carlos eram lideradas por João de Orleans, que, alguns dias antes, havia tomado a iniciativa incomum de se deslocar para cumprimentá-la pessoalmente em Blois. Apesar de suas dúvidas acerca da autenticidade da donzela, ele a recebeu em seu acampamento. Durante seu tempo de serviço no exército francês, Joana frequentemente testou a paciência dos comandantes e estrategistas com sua insistência em estar sempre no ataque. Não obstante, João de Orleans sempre a tratou com grande respeito e demonstrou grande deferência à sua causa, ainda que nunca tenha lhe dado um papel muito significativo no comando do exército.

Contudo, o real poder de Joana residia em sua influência sobre as tropas, cujo favor havia conquistado. As chances de uma jovem camponesa estabelecer uma relação de camaradagem genuína com endurecidos soldados medievais eram quase nulas, mas ela conseguiu conquistar seu respeito através da força de sua convicção na origem divina de sua causa, e superou tão completamente o obstáculo de seu gênero que soldados que serviram com ela relataram que nunca sentiram desejo carnal por Joana, mesmo que alguns tenham visto seus seios enquanto ela se vestia. Foram cativados por sua virgindade, crendo que isso lhe conferia um poder divino que podia ser canalizado para o sucesso em combate. Joana insistia que as tropas parassem de blasfemar, confessassem seus pecados e participassem da missa, e que se abstivessem de pilhar e saquear civis. Ela não era apenas "la Pucelle", a encarnação de uma profecia que prometia a libertação de uma guerra sem fim, mas algo que se assemelhava a uma santa viva.

Voluntários eram atraídos pelo seu estandarte, e muitos a obedeciam em meio à batalha quando ordenava um ataque. A Idade Média é frequentemente chamada de a "idade da fé" — fé em Deus, na Igreja, em milagres e em profecias —, e parecia que toda a França, ao menos a parte que permanecia leal ao delfim, havia agora depositado sua fé em "Jehanne la Pucelle".

Sua primeira missão foi ajudar a transportar alimentos para os habitantes sitiados de Orleans, uma missão que, à princípio, não aceitou com grande entusiasmo. Se a relação entre Joana e João de Orleans tivesse se baseado em seus primeiros encontros e se João tivesse sido menos cavalheiro, essa teria sido certamente uma relação difícil. Joana esperava que os armagnacs atacassem imediatamente os ingleses assim que ela chegasse e que Deus traria a vitória aos franceses através de sua liderança ativa. Ela interpretou sua missão de transportar alimentos como uma tentativa de João de enganá-la, e, quando se encontraram novamente, o recebeu com palavras duras. João se mostrou compreensivo e educadamente explicou que seriam necessários reforços para que pudessem realizar um ataque bem-sucedido, e que a guerra não consistia apenas em combate. Joana, moderada por natureza, relutou diante de uma tarefa tão mundana, que enxergava como um desvio de sua missão, mas concordou em ajudar mesmo assim. Havia ainda o problema de que os ventos contrários estavam impedindo os navios de abastecimento de trafegarem rio abaixo até a cidade, mas Joana disse a João que não se preocupasse, e, naquele momento, a direção do vento mudou. João ficou atônito, mas Joana não pareceu surpresa.

Os ingleses não conseguiram impedir que os navios de transporte alcançassem a cidade, e os trinta mil cidadãos de Orleans receberam os mantimentos necessários. Além de fornecer alimentos, João considerou o ânimo da população e pediu a Joana que o acompanhasse até a cidade. Ela relutou — mais um adiamento de um confronto militar direto com os ingleses —, mas novamente cedeu ao pedido de João.

Embora Joana não tivesse autorização para atuar como comandante no exército francês, seu papel como figura espiritual e fonte de motivação era de valor inestimável e justamente o que os armagnacs precisavam naquele momento. Qualquer êxito que pudesse ser associado a ela apenas confirmaria sua identidade como "la Pucelle" enviada por Deus para expulsar os ingleses e coroar Carlos como rei. Cavalgando ao lado de João, à vista dos ingleses — que não possuíam soldados suficientes para patrulhar o perímetro inteiro —, adentrou a cidade montada em um palafrém branco. A população saiu para recebê-la com grande alegria. "La Pucelle" havia chegado e dispunha de um ano para cumprir sua missão, mas teria que esperar apenas alguns dias para conseguir sua primeira grande (e histórica) vitória. Dentro de dez dias, os ingleses levantariam o cerco e bateriam em retirada.

14

A virada das marés da história
A Batalha de Orleans

A cidade de Orleans estava sitiada desde outubro de 1428. Enquanto o exército armagnac aguardava reforços, Joana ditava cartas para Bedford e outros capitães ingleses. As primeiras duas cartas não sobreviveram. Uma terceira carta, datada de 22 de março de 1429, foi lançada sobre os muros das fortificações inglesas na ponta de uma flecha, em meio à zombaria dos soldados ingleses que, com escárnio, a chamavam de "caipira" e "vadia", dizendo que voltasse para sua aldeia e "cuidasse de suas vacas". Nessa carta (cujo conteúdo era provavelmente semelhante ao das duas outras perdidas), Joana exigia que os ingleses abandonassem suas posições fortificadas ao redor da cidade e se rendessem a "la Pucelle... enviada por Deus, Rei dos Céus". Também exigia que devolvessem todas as cidades que haviam tomado e pagassem por todos os danos que haviam causado ao povo francês. Prometeu ter misericórdia e firmar um acordo de paz se eles obedecessem a suas exigências e adicionou que poderiam "unir-se a ela". Aqueles que se recusassem, ela ameaçava mandá-los matar. Bedford respondeu com silêncio.

Joana se considerava mais a serviço do "Rei dos Céus" do que do rei da França, e isso, mais do que qualquer outra coisa, lhe dava confiança. No entanto, houve diversas ocasiões, incluindo os momentos que antecederam a Batalha de Orleans, em que essa confiança beirou a impertinência. Ela demonstrou sua ousadia característica pela primeira vez quando pediu a Baudricourt que lhe desse uma escolta para ir ao encontro do delfim. Mais tarde, dirigiu-se audaciosamente a João de Orleans, ao sentir-se enganada por ter sido designada para o transporte de mantimentos em vez do combate. Mais adiante na sequência dos acontecimentos, quando John Fastolf estava liderando um novo exército inglês rumo a Orleans, Joana ameaçou decapitar João de Orleans caso ele não a notificasse sobre a chegada do inimigo. Contudo, o que uns consideram imprudência e impetuosidade, para outros é autoconfiança e determinação. Em uma época diferente e sob circunstâncias extremas, a linha que separa as duas coisas pode se tornar tênue.

Episódios como esses podem ser compreendidos como um sinal da fé de Joana na origem divina de sua missão e da confiança que depositava em suas vozes. Os aldeões que testemunharam em seu julgamento de reabilitação a descreveram como educada e eloquente quando vivia entre eles, e é provável que ela tenha entendido que, sendo uma jovem camponesa adolescente, precisava ser firme para ser ouvida pelos homens em um mundo de campos de batalha, armamentos, máquinas de cerco e conquistas. Joana estava se adaptando ao desconhecido da melhor forma que podia, e, assim como outras jovens no final da adolescência, ainda não havia amadurecido completamente.

Esse processo de adaptação ao modo de vida militar medieval não esteve isento de equívocos e dificuldades, e devemos ser cuidadosos ao impor nossas noções modernas e idealizadas de santidade a essa jovem camponesa rústica e resistente, forte, talentosa e inteligente. É verdade que Joana podia ser irracional, exigente e combativa, mas era também uma visionária e idealista intransigente, uma jovem mulher fervorosa que compensava sua juventude e feminilidade com ameaças aparentemente arrogantes que, às vezes, terminavam em acessos de frustração e lágrimas.

Tendo fracassado em persuadir os ingleses a se renderem, Joana retornou ao acampamento para aguardar as ordens de João de Orleans. Ele ainda se recuperava de um ferimento sofrido em fevereiro de 1429 durante o "Dia dos Arenques", quando as forças francesas falharam em derrotar um pequeno destacamento inglês que transportava mantimentos — em grande parte arenques em conserva, que seriam consumidos durante a Quaresma. A responsabilidade pelo desastre recaiu sobre o escocês John Stuart de Darnley, que avançou impetuosamente, sem esperar por reforços, e pagou pela imprudência com sua vida. Outros importantes comandantes também perderam a vida naquele dia, incluindo Louis de Rochechouart e William de Albret. O desastre da "Batalha dos Arenques" abalou ainda mais o moral dos armagnacs e dos cidadãos de Orleans, e a confiança em João como comandante do exército francês — embora tenha mais tarde se provado um competente estrategista e líder em campo — diminuiu após o ocorrido.

Na quarta-feira, 4 de maio, Joana jantou com João e soube por ele que um exército inglês, comandado por John Fastolf, estava se aproximando. Isso a deixou exultante, e ela insistiu que João a informasse sobre a chegada de Fastolf, caso contrário, "mandarei cortar sua cabeça!" Com seu tato característico, João lhe assegurou que a notificaria e acreditava que ela cumpriria sua promessa caso não o fizesse. Terminado o jantar, Joana se retirou para seus aposentos para descansar.

Apesar de sua cortesia, João e os outros oficiais franceses consideravam Joana não muito mais que um mascote ou amuleto da sorte, talvez útil para fins de ânimo e inspiração, mas não para elaborar estratégias e comandar tropas em batalha. Naquele mesmo dia, enquanto Joana dormia, João liderou um contingente de tropas contra o monastério de Saint-Loup, ocupado pelos ingleses. Joana acordou subitamente com um aviso de suas vozes, que lhe diziam que o sangue francês estava sendo derramado. Repreendeu seu pajem, Louis de Courtes, e exigiu que a armassem e preparassem seu cavalo para a batalha. Quando estava prestes a galopar em direção ao Portão da Borgonha, passaram-lhe seu estandarte por uma janela.

Joana acreditava que estava indo para a batalha contra o exército de Fastolf, e se surpreendeu ao descobrir que Saint-Loup era apenas uma pequena escaramuça. Os franceses em ataque estavam vacilando, mas deram um grande brado quando Joana chegou, e, como ocorreria durante toda a Guerra dos Cem Anos, sua chegada mudou o rumo da batalha. Joana reuniu um grupo de soldados e comandou uma investida que revigorou todo o contingente francês. Os ingleses foram atacados com tal ferocidade que foram obrigados a abandonar o monastério, e, para salvarem suas vidas, vestiram-se com paramentos clericais. Joana, crendo que fossem padres e monges, interrompeu o ataque.

Saint-Loup foi mais do que uma vitória moral para os franceses, pois proporcionou a vantagem estratégica de permitir o acesso a um segundo portão através do qual os franceses poderiam reabastecer os cidadãos de Orleans, além de uma base a partir da qual poderiam conduzir futuras incursões. Saint-Loup também foi a primeira batalha de Joana. Seu contato anterior com a guerra se limitava aos bandos militares que haviam saqueado Domrémy, e ela não estava preparada para o derramamento de sangue de um campo de batalha. Seu confessor e seu pajem relataram que ela ficou extremamente angustiada e chorou por aqueles que acreditava terem morrido sem receber o sacramento da confissão. Ordenou que suas tropas confessassem seus pecados e agradecessem à Deus por sua vitória.

No dia seguinte, celebrava-se a Solenidade da Ascensão, e era costume — de acordo com o que ainda restava do código cavalheiresco — abster-se de batalhas em dias santos, de modo que Joana se recusou a lutar. Em vez disso, confessou-se e recebeu a Eucaristia, pela qual tinha grande devoção. Também enviou três cartas aos ingleses reiterando suas exigências, mas eles não responderam e impediram que dois de seus mensageiros retornassem.

Contra a vontade do governador da cidade, Raoul de Gaucourt, e do alto comando do exército francês, Joana liderou um grupo de homens em uma incursão na sexta-feira, 6 de maio. Cruzou o Rio Loire e tentou atacar uma bastilha chamada Saint-Jean-le-Blanc, mas os ingleses recuaram para o mosteiro transformado em fortaleza de Santo Agostinho, ao sul de uma ponte chamada Les Tourelles. Os oficiais franceses queriam interromper o avanço naquele dia, mas, enquanto os soldados retornavam para suas bases, os ingleses atacaram. Joana e Étienne de Vignolles, conhecido como La Hire, saíram ao encontro dos inimigos e foram acompanhados por um grande grupo de soldados. A batalha provou-se tão bem-sucedida que os franceses expulsaram os ingleses do mosteiro de Santo Agostinho e os forçaram a retirarem-se para Les Tourelles.

Satisfeitos com as vitórias inesperadas, os membros do alto escalão francês desejavam consolidar suas conquistas e aguardar reforços, mas Joana insistia na batalha. Ela havia sofrido um ferimento no pé, causado por uma bola com espinhos, e previu que seria ferida novamente no dia seguinte. Como antecipado, uma flecha atingiu seu ombro enquanto liderava um ataque contra Les Tourelles, e ela foi brevemente retirada do campo de batalha para receber cuidados médicos. Foi sugerido que se aplicasse um amuleto à ferida, mas ela recusou, dizendo que preferia morrer a fazer algo contra a vontade de Deus. Após tratarem o ferimento com gordura, Joana retornou à batalha.

Com o cair da noite, João de Orleans quis recuar, mas Joana insistiu que a vitória estava próxima. Ele permitiu que o ataque continuasse, enquanto Joana foi até um vinhedo para rezar. Quando ela voltou quinze minutos depois, carregando seu estandarte, os soldados franceses exultaram e o ataque foi retomado com afinco. Uma trombeta foi tocada para sinalizar a retirada, mas Joana a ignorou. Os habitantes da cidade ajudaram os soldados franceses reparando temporariamente as pontes quebradas com escadas e tábuas, e atacando Les Tourelles pela retaguarda. Os ingleses, suspeitando de bruxaria por parte de Joana, perderam o ânimo. Suas defesas ruíram e os soldados franceses avançaram sobre os muros em massa.

Mais cedo, naquele mesmo dia, os franceses haviam posicionado um grande barco, carregado com madeira e uma substância inflamável, sob a ponte. Enquanto os ingleses se retiravam, o barco foi incendiado e a ponte colapsou, matando mais de quatrocentos soldados ingleses, que se afogaram com o peso se suas armaduras. Entre eles, estava seu comandante, William Glasdale, a quem Joana chamava de "Classidas". Ela chorou pelo homem que havia anteriormente ameaçado de morte e pelas almas dos ingleses falecidos, mas Les Tourelles, que havia sido ocupada pelos ingleses em outubro passado, estava enfim liberta. O povo de Orleans festejou, e Joana acompanhou João em seu retorno à cidade. Mais tarde naquela noite, Joana recebeu mais cuidados médicos para seu ferimento.

No domingo, 8 de maio, os ingleses abandonaram suas fortificações remanescentes e se posicionaram em formação de batalha, esperando que os franceses se opusessem a uma retirada em larga escala. Joana montava seu cavalo branco e carregava seu estandarte enquanto acompanhava um grande grupo de soldados para encontrar os ingleses. No entanto, ela os proibiu de atacar, em respeito às regras cavalheirescas da guerra. Essa proibição causou grande consternação entre os soldados franceses, que, de acordo com um relato contemporâneo, ficaram irritados e descontentes em ter que obedecer a essa ordem. Joana mandou celebrar duas missas no campo. As linhas de batalha estavam posicionadas próximas umas das outras. Ela permitiu que os franceses se defendessem se atacados, mas os ingleses não quiseram entrar em combate. Estavam convencidos de que Joana era uma bruxa e havia os derrotado através do poder do diabo. Após uma hora, os ingleses partiram por uma estrada que levava para longe de Orleans e recuaram em direção a Jargeau.

Naquele dia, Crécy, Poitiers, ou Azincourt não se repetiriam. Os ingleses se retiraram derrotados, e a vitória francesa na Batalha de Orleans foi selada. Podemos apenas imaginar, em retrospectiva, que dano os franceses poderiam ter infligido à reivindicação do jovem Henrique VI ao trono francês caso Joana tivesse permitido que os franceses atacassem seus oponentes desmoralizados e enfeitiçados. No entanto, as regras da guerra estavam mudando rapidamente, e em uma ocasião posterior, Joana não observaria tais formalidades cavalheirescas, uma omissão que seria usada contra ela durante seu julgamento por heresia.

Nove dias haviam se passado desde que Joana, *la Pucelle*, se juntara ao exército armagnac em Orleans, em 29 de abril. Nesse curto intervalo de tempo, o cerco havia sido levantado e a campanha inglesa, que antes ameaçava extinguir a causa delfinista, havia sido enfraquecida. Quando os clérigos que entrevistaram Joana em Poitiers pediram um sinal, ela disse que este lhes seria dado em Orleans.

Joana havia cumprido sua promessa.

15

Missão e dever
A campanha do Loire

Joana havia cumprido uma importante parte de sua missão em Orleans, e sua estrela estava em ascensão. O moral do exército armagnac estava elevado, e, apesar de desobedecer às ordens, ela havia conquistado alguma credibilidade junto aos capitães franceses, especialmente João de Orleans e João II, duque de Alençon, de vinte e cinco anos. Joana insistia que Carlos fosse levado a Reims para ser coroado sem demora, já que os reis franceses eram coroados lá havia quase mil anos, e a maioria dos cidadãos franceses não aceitaria a legitimidade de um rei a menos que a coroação ocorresse em Reims. Também era essencial que o herdeiro legítimo fosse ungido com o óleo sagrado que, segundo a lenda, foi usado em 496 para batizar Clovis, o primeiro rei dos francos, e, posteriormente, para ungir seus sucessores.

Naquela época, a teoria predominante era de que os reis possuíam o direito divino de governar, mas a bênção de Deus vinha somente através da coroação legítima e da unção sacramental com óleos sagrados. Para os franceses, isso significava o óleo da antiga ampola conservada em Reims. Induzir a cidade a submeter-se a Carlos era crucial, e sua coroação ali uniria a maior parte da França em torno dele. Tal feito poderia até ajudar a convencer os borgonheses a deixarem de lado as velhas mágoas e abandonarem sua aliança com os ingleses.

Uma marcha atravessando o território inimigo seria perigosa, contudo, e a cidade ainda não havia jurado lealdade a Carlos. Os franceses precisariam primeiramente assegurar as fortalezas ao longo do Rio Loire e empurrar os ingleses em direção ao norte antes que uma coroação em Reims pudesse ocorrer. Com alguma sorte, a guarnição borgonhesa que custodiava a cidade bateria em retirada e os cidadãos seriam persuadidos a unirem-se a Carlos, sem que fosse necessário um cerco ou ataque.

A família real finalmente partiu de Orleans em 9 de maio, mas a campanha do Loire não começou até 11 de junho. Em algum momento após 23 de maio, Joana visitou o duque e a duquesa de Alençon. O pai do duque, João I, havia sido morto na Batalha de Azincourt em 1415, e Henrique V concedeu o ducado ao duque de Bedford. João I foi sucedido por seu filho Pierre, que morreu em 1425, o que abriu caminho para que João II (1407–1476) herdasse o ducado, caso os ingleses fossem expulsos.

João II, herdeiro sem posses, foi confiado por sua mãe a Carlos, o delfim, mas foi capturado pelos ingleses na Batalha de Verneuil em 6 de agosto de 1424, quando tinha apenas quinze anos. Feito prisioneiro pelo duque de Clarence, seu resgate foi finalmente pago em 21 de fevereiro de 1429, quando sua esposa vendeu suas joias e ele concordou em ceder outros territórios na França. No entanto, a vitória francesa na Batalha de Orleans foi uma grande bênção para o duque titular, já que ele rapidamente recuperou esses territórios e acabou conseguindo reconquistar a posse do ducado de Alençon em 1449.

João II soube de Joana quando ela chegou a Chinon para encontrar Carlos pela primeira vez. O duque voltou rapidamente de uma excursão de caça e apressou-se a ir ao seu encontro. Joana ficou fascinada com Alençon e os dois se tornaram amigos. Quando visitou o duque e a duquesa antes do início da campanha do Loire, Joana pediu que Alençon se unisse a ela em sua missão de expulsar os ingleses da França. A duquesa protestou, mas, após Joana garantir que o devolveria em segurança, consentiu.

Carlos designou Alençon para comandar o exército armagnac durante a campanha do Loire, e Joana atuou como sua conselheira de confiança. O primeiro povoado a ser tomado foi Jargeau, que os franceses atacaram em 12 de junho. Em certo momento da batalha, Joana disse a Alençon — a quem chamava de seu "belo duque" — que saísse do lugar onde estava, porque um projétil estava prestes a cair ali. Outro homem, chamado du Lude, ocupou aquela posição alguns instantes depois e foi atingido e morto. Pouco depois, Joana estava subindo uma escada de cerco com seu estandarte em mãos quando foi atingida por uma pedra que rachou seu elmo. Ao final da batalha, 1.100 ingleses jaziam mortos e Jargeau retornou à causa delfinista.

Os franceses então marcharam até Meung, assumindo o controle da margem sul do rio em 15 de junho. Beaugency foi sitiada em 16 de junho, e a guarnição inglesa foi obrigada a bater em retirada para a fortaleza central. Alençon soube que Fastolf e John Talbot, o primeiro conde de Shrewsbury, estavam ambos liderando exércitos em direção a Beaugency, então ofereceu passagem segura à guarnição, se entregassem a fortaleza. Eles aceitaram e se retiraram antes que o exército inglês chegasse.

Durante a campanha do Loire, Joana foi abordada por Artur de Richemont, condestável da França, que desejava unir-se novamente à causa armagnac. Sua lealdade foi questionada por muitos no acampamento delfinista, pois ele havia se aliado aos ingleses por um breve período, e Carlos e seu conselheiro, Georges de La Trémoïlle, recusaram sua oferta. Joana, contudo, enxergando uma oportunidade de reforçar suas tropas, o aceitou. Esse foi mais um exemplo de como Joana estava disposta a desconsiderar a vontade de seus superiores se isso fosse útil à sua causa. Podemos apenas imaginar como a insubordinação de Joana era vista por Carlos e seus conselheiros, e se essa percepção não influenciou o aconselhamento que o delfim recebeu após Joana ter sido capturada pelos borgonheses e ainda poder ser resgatada. Mas então não teríamos a Joana que temos hoje.

Durante o cerco de Beaugency, Fastolf marchou à frente de um exército para unir forças com Talbot, de modo que, juntos, pudessem reforçar sua guarnição. Porém, quando soube que haviam se rendido, percebeu que a campanha francesa não poderia ser detida e se retirou em direção a Paris. Isso representou uma oportunidade, e Joana pressionou Alençon a atacar. O que se deu a seguir foi a Batalha de Patay, na qual os franceses alcançaram os ingleses em retirada, em 18 de junho, e os destruíram. La Hire teve um papel proeminente ao atacar o contingente inglês de surpresa e derrotá-lo. Fastolf fugiu em meio à confusão e suas tropas foram lançadas ao caos. Talbot permaneceu para lutar, mas foi capturado e levado como prisioneiro. De acordo com um cronista borgonhês, os ingleses perderam cerca de dois mil homens, o que representava uma porção substancial de seu exército continental. Os franceses, milagrosamente, perderam apenas três.

Joana chegou tarde ao campo de batalha e não participou do massacre. Testemunhou as consequências da vitória quando La Hire e os franceses assassinaram brutalmente muitos dos ingleses que haviam se rendido, mantendo vivos apenas duzentos nobres ricos como prisioneiros, a fim de pedir resgate. Em um determinado momento, viu um soldado francês ferir mortalmente um inglês na cabeça. Descendo de seu cavalo, ela o tomou em seus braços e ouviu sua última confissão. Independentemente do que Joana pensasse dos seus inimigos antes da batalha e apesar de sua bravata, ao ver os adversários derrotados, em mais de uma ocasião, chorou copiosamente por suas almas e demonstrou sincera preocupação por sua salvação.

A campanha do Loire foi breve e conclusiva. Os franceses não apenas haviam recuperado bases estratégicas no Loire, como também haviam enfraquecido as forças inglesas e borgonhesas a tal ponto que não havia soldados suficientes para defencer a porção norte da França de uma invasão. Esse cenário abriu caminho para a marcha a Reims e a coroação de Carlos. A recente reviravolta nos acontecimentos também deve ter levado os borgonheses a refletirem. Se um legítimo rei francês seria coroado e se os ingleses já não dispunham de homens suficientes para derrotar os armagnacs, então talvez poderiam chegar a um acordo razoável com Carlos para pôr fim à guerra civil.

16

Missão e dever
A marcha a Reims e a coroação de um rei

A notícia da recente série de vitórias francesas se espalhou pela Europa. Joana se tornou famosa da noite para o dia e recebeu grande parte do crédito pela reviravolta da situação da França. A história foi sendo disseminada e suas contribuições foram exageradas. Ela não viveria mais do que dezenove anos, mas já havia se tornado uma lenda viva.

Após o massacre em Patay, João de Orleans foi até o delfim com Joana. Carlos estava de bom humor e a discussão sobre estratégia entre ele e seus conselheiros girava em torno de duas opções. A primeira era marchar em direção ao norte, para a Normandia, reconquistar os territórios perdidos e, se parecesse propício, marchar rumo a Paris. A maioria dos capitães e conselheiros reais defendia essa opção. A segunda, defendida por Joana, consistia em marchar para Reims sem demora e realizar a unção e coroação de Carlos como rei. Ela argumentava que, uma vez investido com o direito sagrado de governar, Carlos seria aceito pelo povo.

Subjugar a Normandia era claramente a alternativa estratégica mais sábia, embora os conselheiros reais tenham reconhecido as vantagens políticas que uma marcha a Reims prometia, caso fosse bem-sucedida. Joana insistia que estava sendo instruída por suas vozes, mas encontrava a firme oposição dos conselheiros reais. Ela recorreu à oração, e sua confiança foi logo renovada. Carlos hesitou, mas acabou sendo vencido pela insistência de Joana.

Em 29 de junho, o exército francês marchou de Gien para Reims, com Joana cavalgando ao lado de Carlos. Cartas foram enviadas a diversos povoados e cidades ao longo do caminho, anunciando a aproximação do delfim, prometendo perdão e encorajando sua lealdade. Também foram enviadas cartas ao duque da Borgonha, pedindo a reconciliação. Os ingleses não se opuseram à marcha, e, após breves períodos de negociação, os povoados e cidades ao longo da rota juraram obediência a Carlos e forneceram alimentação ao seu exército. Uma guarnição de soldados ingleses e borgonheses permaneceu em Troyes, onde havia sido firmado, em 1420, o tratado que deserdava Carlos do trono. Recusavam-se a se render, mas Joana ordenou que o fosso fosse preenchido com madeira e mandou posicionar um canhão ao alcance das muralhas da cidade. Logo se renderam, e Carlos adentrou Troyes no domingo, 10 de julho.

Quando o exército se aproximava de Reims, uma delegação da cidade foi ao encontro de Carlos, em 16 de julho, e ofereceu sua plena obediência. A guarnição borgonhesa fugiu. Pierre Cauchon, bispo de Beauvais e ex-reitor da Universidade de Paris, ainda leal à causa anglo-borgonhesa, deixou a cidade. Ele havia ajudado nas negociações do Tratado de Troyes em maio de 1420 — o qual deserdou Carlos —, e mais tarde presidiria o julgamento que condenou Joana. Naquele mesmo dia, Carlos fez uma entrada triunfal em Reims, com Joana cavalgando ao seu lado.

A cerimônia de consagração aconteceu no dia seguinte, domingo, 17 de julho, no altar da catedral de Reims. Quatro cavaleiros, acompanhados por diversos altos dignatários da Igreja, conduziram a ampola sagrada em procissão da Abadia de Saint-Rémy até a catedral. Como de costume, o rei proferiu um juramento de lealdade e se prostrou ao lado do arcebispo enquanto o *Te Deum* era cantado e ladainhas eram entoadas. O ponto alto da cerimônia foi a unção sacramental realizada pelo arcebispo, que misturou uma gota de óleo da ampola sagrada com o Santo Crisma. O rei foi então investido com o anel, o cetro, as esporas e os trajes reais, e a coroa foi colocada sobre sua cabeça. Em seguida, o arcebispo e os nobres importantes prestaram-lhe homenagem. Joana, vestida com armadura e carregando seu estandarte, ajoelhou-se diante dele, abraçou suas pernas e o saudou como o verdadeiro rei segundo a vontade de Deus. Carlos já não era mais o delfim: era Carlos VII, rei da França.

Após a cerimônia, Joana ditou uma carta para o duque da Borgonha, instando-o a fazer um acordo de paz com o novo rei da França. Falava em nome do "Rei dos Céus", exortando Filipe ao perdão mútuo e a reconciliação com Carlos. Suplicou-lhe que retirasse suas tropas do norte da França, e afirmou que, caso ele se recusasse, estaria travando uma guerra contra o Rei dos Céus, bem como contra o legítimo rei da França. Joana declarou que haveria um grande derramamento de sangue contra seus soldados e todos que "guerrearem contra nós". No entanto, não consultou Carlos ou seus conselheiros antes de enviar a carta, tampouco estava a par das discussões que ocorriam entre os armagnacs e os borgonheses. O duque da Borgonha estava agindo de má fé com Carlos e seus conselheiros, e o rei ingenuamente concordou com uma trégua de quinze dias.

17

Os ventos de mudança
A verdadeira vocação de Joana

A partir do momento em que Joana pôs os pés no caminho que a afastaria definitivamente de Domrémy, a trajetória de sua vida ascendeu vertiginosamente até alcançar o auge da sociedade francesa.[15] Foram necessários cinco meses para coroar Carlos VII, e, cinco meses após sua coroação, em dezembro de 1429, Carlos elevaria Joana e sua família à condição de nobreza. Ela era famosa em toda a Europa e havia deixado sua marca permanente na história, mas a fama e o sucesso não importavam muito para Joana. O que a motivava, mais do que qualquer outra coisa, era sua missão e o cumprimento da vontade de Deus, como lhe era manifestada através de suas vozes.

Após a coroação de Carlos, Joana se perguntou em voz alta, diante de João de Orleans, se deveria voltar para Domrémy e retomar a vida rural de camponesa. Três razões saltam à vista para

---

[15] Com exceção da recusa de Baudricourt ao seu primeiro pedido, em maio de 1428, e começando com o consentimento dele, em sua segunda visita, para enviá-la a Chinon com uma escolta armada.

explicar por que ela consideraria essa opção: primeiro, Joana estava insatisfeita com a política do rei e de seus conselheiros em relação aos borgonheses, e percebeu que seu estilo agressivo de confronto era incompatível com a preferência do conselho real pela diplomacia. Segundo, é possível que ela sentisse falta de casa (o que não seria incomum para alguém de sua idade, gênero e experiência de vida). E, terceiro, ela pode ter considerado que sua missão havia sido cumprida, ao menos as partes que estavam ao seu alcance realizar. Sua chegada repentina e inesperada infundiu novas esperanças ao desmoralizado exército real. Ela havia desempenhado um papel indispensável na vitória de Orleans e na campanha do Loire. O delfim que buscava coroar era agora rei. Mesmo que a terceira e a quarta previsões que fez em Poitiers não fossem cumpridas, ela havia completado a essência de sua missão com uma rapidez impressionante, que deixava poucas dúvidas — exceto entre seus inimigos — sobre a origem divina de suas vozes.

No entanto, Joana não voltou para casa, e podemos razoavelmente supor que o rei lhe teria concedido esse favor, caso ela o tivesse solicitado. Então, por que ela ficou? Qual era, precisamente, a missão que lhe foi dada por suas vozes? As previsões que fez em Poitiers eram parte dessa missão? Estaria ela certa do que Deus lhe pedia?

Quando encontrou o delfim pela primeira vez em Chinon, ela lhe anunciou o que era, na prática, um resumo de sua missão. Joana lhe disse que dispunha de apenas um ano e que havia vindo para:

1. Expulsar os ingleses.

2. Levá-lo a Reims para ser coroado rei.

3. Libertar Carlos, duque de Orleans, da prisão na Inglaterra.

4. Levantar o cerco de Orleans.

As previsões que fez aos clérigos em Poitiers coincidem com as citadas acima, mas não de modo preciso. Ela profetizou que:

A. Os ingleses seriam expulsos e o cerco de Orleans seria levantado (1,4 acima).

B. Carlos VII seria coroado rei em Reims (2).

C. Paris voltaria a ser leal a Carlos.

D. Carlos, duque de Orleans, seria libertado e retornaria à França (3).

"Expulsar os ingleses" (1, A) é o único item em ambas as listas que é ambíguo. Poderia significar "levantar o cerco de Orleans e expulsá-los do território armagnac". Se é o caso, então Joana cumpriu esse elemento de sua missão ao completar a campanha do Loire, que foi, em retrospectiva, o início do fim para os ingleses na Guerra dos Cem Anos. Os ingleses não apenas haviam sido expulsos da fortaleza de Carlos, como também não conseguiam mais defender seu território no norte da França.

"Expulsar os ingleses" também poderia significar "expulsá-los totalmente da França."[16] Essa interpretação também é possível em

---

[16] Um longo processo que só foi concluído em 1453.

relação a Joana e sua missão, mas ela sabia que tinha apenas um ano e, partindo do princípio de que Deus não pede o impossível, expulsar totalmente os ingleses da França dentro desse período, com um rei cauteloso e um conselho real hesitante, teria sido algo bastante improvável de ser realizado por Joana. Dadas as circunstâncias, é plausível duvidar que isso fizesse parte de sua missão divina, ao menos durante seu tempo na terra.[17] Talvez tenha refletido sobre a ideia de voltar a Domrémy porque reconhecia a improbabilidade de tal feito e se perguntava se Deus estaria satisfeito com sua obediência até aquele momento.

Com relação à lealdade de Paris a Carlos (C), ela não o informou em Chinon que havia sido enviada para garanti-la, uma previsão que só fez em Poitiers. Também não é provável que ela acreditasse que isso fizesse parte de sua missão, já que sabia que dispunha de apenas um ano e previu que Paris retornaria para Carlos em sete anos.[18] É possível que, em algum momento posterior, tenha confundido as previsões de Poitiers com a missão que lhe foi dada por suas vozes e incluído a libertação de Paris como parte dessa missão.[19] Ou talvez não concebesse a recuperação de Paris como parte constituinte de sua missão, mas entendesse que era algo ao menos congruente com

---

[17] Sua missão pode ter continuado na eternidade, e ela pode ter tido alguma participação no resultado final.

[18] Paris jurou fidelidade a Carlos em 1436, e ele adentrou a cidade em 1437. Assim, cumpriu-se a profecia de Joana de que isso ocorreria dentro de sete anos.

[19] O ataque de setembro de 1429, do qual Joana participou, fracassou.

ela, mesmo que isso não lhe tivesse sido exigido explicitamente por suas vozes.

Finalmente, a respeito da libertação do duque de Orleans (3), ela informou a Carlos em Chinon que havia sido enviada (em missão) para libertar o duque do cativeiro, mas é improvável que ela acreditasse, após a coroação em Reims, que tinha o poder de realizar tal feito, dadas as disposições do rei e de seu conselho real.[20] Por essa razão, ela pode ter considerado impossível expulsar os ingleses da França e resgatar o duque de Orleans, e, como Deus não pede o impossível, esse entendimento pode ter motivado seu desejo de retornar a Domrémy.

~

Há um consenso entre os historiadores de que os maiores comandantes militares da história são:

1. Alexandre, o Grande, da Macedônia;
2. Júlio César, de Roma;
3. Aníbal, de Cartago;
4. Gengis Khan, da Mongólia;
5. Gustavo Adolfo, da Suécia;
6. Frederico, o Grande, da Prússia;
7. Napoleão Bonaparte, da França.

---

[20] Carlos de Orleans foi finalmente libertado em novembro de 1440, após vinte e cinco anos em cativeiro e nove anos depois da morte de Joana, graças a ajuda de Filipe, duque da Borgonha, com quem Joana estava em guerra.

Se Joana tivesse retornado a Domrémy após a coroação de Carlos em Reims, ou se tivesse permanecido com o exército e assumido um papel mais passivo, submetendo-se aos conselheiros reais, que constantemente recomendavam cautela e diplomacia, ela certamente não estaria nessa lista. Porém, teria sido lembrada como uma comandante militar inesperadamente bem-sucedida, ainda que não tivesse o comando geral do exército francês. Se esse fosse o caso, não teríamos a Joana que temos hoje, e provavelmente não teríamos as transcrições de seus julgamentos, que nos fornecem mais informações sobre ela do que quaiquer outra mulher na história até a Rainha Isabel I da Inglaterra e Maria, rainha da Escócia.

Mas a história poderia ter tomado ainda outro rumo: se as circunstâncias tivessem sido diferentes e se Joana tivesse realizado tudo o que anunciou em Chinon, incluindo a expulsão dos ingleses da França, e tudo o que previu em Poitiers, então os historiadores poderiam muito bem incluí-la entre os maiores comandantes militares da história. Contudo, para além das especulações dos historiadores e das complexidades da época atual, resta ainda uma última possibilidade: que Joana conseguiu realizar, com o auxílio divino, a totalidade de sua missão e cumpriu todas as quatro previsões de forma póstuma, como santa no céu. Deus não pede o impossível, mas a Deus tudo é possível (Mateus 19,26).

~

Joana pode ter considerado retornar a Domrémy e à vida rural de sua juventude, que estava perdendo nos campos de batalha do centro da França e nos acontecimentos geopolíticos de sua época. Mas a verdade é que o caminho para Domrémy estava para sempre fechado a ela, e talvez ela se desse conta disso. Se tivesse voltado, provavelmente teria sido caçada pelos borgonheses ou pelos ingleses, ou talvez por algum caçador de recompensas empreendedor que obteria um lucro substancial vendendo-a para seus inimigos.

Joana deve ter sentido os ventos de mudança soprando após Reims. Suas vozes lhe haviam dito que teria apenas um ano, "talvez um pouco mais". Se sabia que sua missão implicava o sacrifício de sua vida, ela não o disse. A julgar por seu comportamento no julgamento, e especialmente por sua expectativa de ser livrada por Deus e pelo horror que demonstrou ao ser condenada por heresia, parece que ela não presumia que sua missão necessariamente terminaria em morte.

De fato, os ventos de mudança estavam soprando na vida de Joana, ainda que ela não soubesse onde eles a levariam. O impressionante sucesso dos cinco primeiros meses deu lugar a resultados militares variados após Reims. Ela não seria um César nos campos de batalha da França, tampouco um Napoleão defendendo sua honra. Joana era uma guerreira, mas não um soldado que, acima de tudo, é obrigado a obedecer. Também não demonstrava o juízo prudente de um militar treinado. Se tivesse sido treinada nas artes marciais de sua época ou frequentado uma academia militar, o que um dia se tornaria a norma na Europa, talvez essas qualidades pudessem ter sido incutidas nela. Mas a oportunidade de fazer da vida militar uma profissão não foi concedida a Joana, nem sua missão exigia isso, e tampouco seu gênero e sua condição de camponesa o permitiam.

Joana não é lembrada como uma grande comandante militar, mas como uma guerreira, um prodígio, um fenômeno. Seu sucesso não dependia de uma estratégia militar presciente, mas de coragem, fortaleza, uma determinação obstinada e uma convicção inabalável de que havia recebido uma missão divina, além de um dinamismo incansável que contrastava fortemente com a insegurança e a cautela de seu rei. Seu impulso sempre era avançar, atacar, porque sabia que dispunha de apenas um ano. No fim, entregou sua vida pelos dois reis que servia, defendendo a honra de um deles no sermão pregado antes da execução, e clamando pelo nome do outro enquanto o fogo subia e a consumia, sempre confiando em suas vozes e no Deus que a havia conduzido à fogueira.

Joana não é lembrada como uma grande comandante militar, mas como virgem, heroína, mártir e santa — o que era, de fato, sua vocação. O historiador e o moralista podem vasculhar sua história e encontrar defeitos e deslizes, mas nenhum herói é irrepreensível, exceto Jesus de Nazaré, e nenhum santo é perfeito, exceto Maria de Nazaré. Nem todos os heróis são santos, e nem todos os santos são heróis. Apesar de suas falhas de temperamento e sua juventude, Joana era ambos.

18

Ponto de virada
A derrota em Paris

O duque de Bedford estava reagrupando suas forças após a derrota de Orleans e o desastre de Patay. Uma unidade recrutada por seu tio, o cardeal Henry Beaufort, bispo de Winchester, que deveria marchar para a Boêmia sob autorização papal para combater os hussitas, foi desviada para a França para compensar as baixas. Chegaram a Calais e, em 15 de julho, foram imediatamente redirecionados a Paris para reforçar a guarnição borgonhesa.

Os borgonheses estavam simultaneamente negociando com os ingleses para manter sua aliança e reunir um novo exército, enquanto, de má fé, tratavam com os armagnacs, prometendo ceder a posse de Paris como prelúdio de um acordo de paz permanente. Georges de La Trémoïlle era o líder das negociações em favor dos franceses. Juntamente com a sogra de Carlos, Iolanda de Aragão, rainha de Anjou e da Sicília, La Trémoïlle era um dos principais conselheiros e um dos mais importantes financiadores de Carlos. Ele também pertencia à facção que consistentemente advogava pela paciência e pela diplomacia em vez do conflito armado, financeiramente devastador, que Joana sempre encorajava. As negociações entre os borgonheses e os armagnacs resultaram em uma trégua enganosamente frutífera de quinze dias.

Após Reims, Carlos poderia ter tomado a iniciativa, já que sua recente sequência de vitórias havia colocado a aliança anglo-borgonhesa na defensiva. Ele podia contar com a habilidade milagrosa de Joana de galvanizar o exército com a aprovação divina que parecia acompanhá-la. Também tinha a sorte de contar com diversos oficiais de confiança (como João de Orleans, La Hire, o duque de Alençon), e seu exército (o qual não podia pagar) havia crescido em número e entusiasmo. Se tivesse a disposição de um homem como Henrique V, a escolha teria sido imediata e a guerra poderia ter terminado mais cedo. Em todo caso, o conflito terminou em favor da França e ainda durante o reinado de Carlos.

Mas havia outras questões a serem consideradas. É possível que Carlos se sentisse culpado pelo assassinato de João Sem Medo, em setembro de 1419, e suas severas limitações financeiras certamente influenciaram sua decisão. Talvez com isso em mente, tenha seguido o conselho de La Trémoïlle e direcionado seus esforços para a diplomacia. Contudo, a trégua de quinze dias não passava de uma miragem, e a paz entre os borgonheses e os armagnacs só foi finalmente alcançada com a assinatura do Tratado de Arras, em 1435.

A partir desse momento, Carlos e Joana seguiram caminhos divergentes. O caminho de Carlos levava a uma paz diplomática com a Borgonha; o de Joana, ao confronto militar decisivo que resultaria na vitória imediata. Os dois caminhos eram irreconciliáveis.

Joana não estava sozinha em sua convicção, já que Alençon também acreditava que Paris deveria ser atacada o quanto antes. Ambos não estavam cientes das negociações que levaram à trégua até que esta fosse firmada, e, ao tomar conhecimento, Joana ficou desolada. Em 10 de agosto, Joana confidenciou com tristeza a João de Orleans que, se fosse da vontade de Deus, preferiria voltar para casa em Domrémy e servir seus pais nas tarefas domésticas e do campo.

Carlos cruzou o interior da França em direção a Paris, mas deixou de lado os planos de atacar a cidade assim que a trégua foi firmada. Os povoados ao longo da rota de Carlos prontamente submeteram-se ao novo rei. Em 4 de agosto, Bedford conduziu um exército até a margem esquerda do Sena, e, em 15 de agosto, os franceses e os ingleses travaram escaramuças, mas nenhuma batalha significativa ocorreu. Os ingleses, percebendo que os franceses não se envolveriam em uma batalha decisiva, recuaram em direção a Paris no dia seguinte.

Os armagnacs continuaram negociando com Filipe para garantir sua neutralidade, mas nenhum acordo foi finalizado. Em 28 de agosto, ambos os lados concordaram com uma trégua de quatro meses, que terminaria em 1º de janeiro de 1430. Como parte da trégua, Carlos concordou em devolver a Filipe as cidades que haviam reconhecido o rei como seu senhor. Trinta e seis dias após partir de Reims, Carlos completou a viagem de 160 quilômetros e chegou a Paris. A essa altura, reforços ingleses haviam chegado e fortalecido substancialmente as defesas da cidade. Bedford nomeou Filipe como governador, e o duque da Borgonha, que havia usado a trégua para ganhar tempo, voltou atrás em sua promessa.

Ao se dar conta da trapaça borgonhesa, Carlos relutantemente concordou em atacar Paris em 8 de setembro — quatro meses após a vitória de Orleans —, mas, a essa altura, suas chances de sucesso haviam diminuído consideravelmente. As formidáveis muralhas estavam guarnecidas por arqueiros ingleses e borgonheses. Joana liderava na linha de frente, exortando os franceses e exigindo que os defensores se rendessem ao rei. Ao final do dia, foi ferida na coxa por uma flecha e teve que deixar o campo de batalha.

O ataque fracassou, e Carlos suspendeu a ofensiva na manhã seguinte, ordenando que o exército retornasse a Saint-Denis. Joana e Alençon queriam continuar, mas, em 10 de setembro, Carlos mandou que parassem e ordenou a destruição de uma ponte sobre o Sena, o que tornava um novo ataque impossível.[21] Em 12 de setembro, tendo sofrido baixas entre mil e dois mil

---

[21] A ponte havia sido construída anteriormente por Alençon.

homens, Carlos reconheceu a derrota e conduziu seu exército ao sul, em direção ao Loire.

Durante sua missão pública, Joana falou diversas vezes que só temia a traição. Em 31 de julho de 1429, a pedido de Joana e em reconhecimento por suas contribuições à coroa e ao reino, Carlos concedeu a isenção de impostos aos cidadãos de Domrémy e Greux. Em 23 de maio de 1430, quase dez meses após a concessão desse favor, Joana foi capturada pelos borgonheses fora dos muros de Compiègne e posteriormente vendida aos ingleses. Não há registros de que Carlos tenha feito qualquer coisa para obter sua libertação.

19

As areias do tempo
Da vida na corte à captura

Carlos não dispunha de recursos financeiros para sustentar por muito tempo um exército numeroso o bastante para tomar Paris. Os soldados que não partiram por conta própria em setembro, famintos e sem pagamento, foram dispensados em outubro. Os povoados que juraram lealdade a Carlos durante a marcha pelo norte da França ficaram desprotegidos após a retirada e, mais uma vez, foram absorvidos pelos ingleses e borgonheses, à medida que mais reforços ingleses chegavam pelo Canal da Mancha.

Como sua ferida precisava de tempo para cicatrizar, Joana foi enviada a Bourges para descansar por três semanas sob a proteção do senhor de Albret. Seus anfitriões mais tarde deram testemunho de sua genuína piedade, humildade e castidade. É possível que ela tenha pensado novamente em voltar para casa, em Domrémy, quando compreendeu que Carlos tinha pouca inclinação para o combate, e provavelmente teria partido com sua grata bênção. Sua amizade com Alençon havia se fortalecido, e sua colaboração mútua se opunha à política de negociação paciente de Carlos.

Independentemente do que pensasse, Joana optou por permanecer na corte.

Era vantajoso e até mesmo necessário para os reis e rainhas medievais possuírem numerosos castelos e outras acomodações para abrigar suas cortes. O saneamento e a higiene eram preocupações permanentes diante da grande concentração de pessoas em um único lugar e do fluxo constante de visitantes, necessários para o funcionamento de um governo real. Era inevitável que os resíduos se acumulassem e o odor se tornasse tão desagradável, até mesmo intolerável, que uma mudança de local fosse necessária para preservar a dignidade real. Uma vez que a corte seguisse seu circuito para o próximo destino, um grupo de servos reais varria e limpava o castelo ou fortaleza, já desocupados, removendo a sujeira e os detritos e preparando-os para o retorno do monarca.

Durante a Idade Média, era raro que alguém da classe camponesa tivesse acesso a uma corte real. Carlos e seus conselheiros, por exemplo, deliberaram por alguns dias antes de conceder uma audiência a Joana, mesmo se encontrando em grande dificuldade, pressionados tão fortemente pelos ingleses e borgonheses, e mesmo que Joana já tivesse ganhado certa fama local como *la Pucelle* que salvaria a França. Ainda menor era o número de camponeses que residiam e viajavam com uma corte real. A maioria dos camponeses teria ficado radiante por ter alcançado o que Joana conquistou e por ter atingido o status de lenda viva. No entanto, nem mesmo o Ato de Nobilitação, em dezembro de 1429, pareceu satisfazê-la. Não haveria satisfação nem descanso para Joana até que tivesse cumprido a missão que lhe foi confiada por suas vozes.

Joana estava totalmente descontente com a vida na corte, provavelmente ainda mais porque Carlos mantinha uma corte luxuosa. Seu único foco era derrotar os ingleses e borgonheses ou forçá-los à rendição, mas o rei, seguindo as recomendações de seus conselheiros, proibiu-a de se juntar a Alençon por medo de que eles começassem uma campanha militar e arruinassem os esforços diplomáticos com o duque da Borgonha. Isso provavelmente a irritou, visto que, em seu julgamento, Joana admitiu que ela e a maioria dos aldeões de Domrémy odiavam os borgonheses ainda mais do que detestavam os ingleses, sem dúvida porque os saqueadores que os atacavam eram majoritariamente borgonheses.

Joana era valiosa para Carlos e lhe havia sido de grande ajuda, mas, em muitos aspectos, eles não eram compatíveis um com o outro. Carlos foi criado em uma corte real; Joana, em uma aldeia camponesa. Carlos possuía uma sensibilidade refinada e se entregava aos prazeres da vida na corte. Joana era abstêmia e acostumada aos modos rudes e à vida rural dos camponeses. Carlos era cauteloso, desconfiado e um administrador por natureza, não um grande comandante militar, preferindo a diplomacia ao combate. Joana era corajosa, resoluta, leal, determinada, uma guerreira e líder nata no campo de batalha, ainda que não tivesse sido treinada para a guerra. Quando Joana foi capturada, em 1430, Carlos fez a coisa mais fácil que poderia fazer: nada. Ela retribuiu sua deslealdade defendendo-o perante seus inimigos, proclamando-o um bom cristão. Em termos de criação, classe, temperamento e conduta pessoal, Carlos e Joana eram incompatíveis desde o princípio.

Joana também não se encaixava bem entre os conselheiros de Carlos, e estava claro que precisava sentir-se ocupada e que seus talentos fossem bem utilizados. Perrinet Gressart era um capitão saqueador francês que trabalhava para o partido anglo-borgonhês. Sua riqueza e poder estavam crescendo, e ele ocupava diversas fortalezas no centro da França a serviço dos ingleses, que o remuneravam bem. Havia pouco risco em enviar Joana com um grupo de soldados para atacar suas fortificações, já que isso não interferiria nos esforços diplomáticos de Carlos com Filipe. Sendo assim, Joana recebeu a tarefa de destruir a base de Gressart. Essa não era a missão que recebeu de suas vozes, mas, de todo modo, aceitou a tarefa, provavelmente para demonstrar lealdade ao seu rei e para infligir justiça a um bando de saqueadores.

O sucesso impressionante do qual desfrutou até a coroação em Reims foi escasso nessa campanha. Joana conseguiu tomar Saint-Pierre-le-Moûtier por meio de um ataque direto, com apenas alguns homens, no início de novembro. Porém, quando o exército real sitiou La Charité, onde Gressart se encontrava, em meados de novembro, o clima de inverno, a escassez de suprimentos e a falta de apoio de Carlos e seus conselheiros forçaram Joana a levantar o cerco um mês depois. O fracasso do cerco não apenas lhe causou um grande desgosto, como também fez sua reputação na corte e entre os soldados declinar. Ela se juntou novamente a Carlos na corte e, ao final de dezembro, o rei concedeu títulos de nobreza a ela e à sua família.

O novo ano de 1430 trouxe o fim da trégua de quatro meses, firmada em 28 de agosto, entre Carlos e Filipe. O *esprit de corps* infundido no exército real pela chegada e pelas vitórias de Joana se esvaiu após a impopular trégua, e não se havia estabelecido uma paz duradoura. Em março de 1430, Carlos finalmente admitiu a trapaça de Filipe.

Para piorar a situação, os ingleses enviaram reforços e suprimentos à Normandia, e Filipe se preparava para tomar à força as cidades que Carlos lhe havia prometido, mas que ainda não haviam se rendido. Reims estava ameaçada, assim como Compiègne. Em meados de abril, as vozes de Joana lhe disseram que ela seria capturada antes do dia de São João, em 24 de junho.

Os ingleses e os borgonheses iniciaram uma nova ofensiva que pegou o acampamento armagnac de surpresa. O rei ainda seguia negociando com Filipe, e, sem informá-lo, Joana partiu com um grupo de voluntários ao final de março. Em Lagny, entregaram-lhe um bebê morto, e, enquanto o embalava em seus braços, o bebê voltou a respirar. A criança foi imediatamente batizada e faleceu pouco depois. Creditou-se o milagre a Joana, que foi aclamada publicamente. Ela também capturou Franquet d'Arras, um mercenário leal aos anglo-borgonheses. Tentou trocá-lo por um companheiro capturado, Jacquet Guillaume, mas quando soube que ele havia sido executado, entregou Franquet às autoridades locais, que o julgaram e executaram como criminoso. Mais tarde, Joana e seu exército foram rechaçados em Soissons, que professava lealdade à Borgonha, e muitas de suas tropas foram dissolvidas por falta de alimentos.

Com seus soldados remanescentes, Joana marchou à Compiègne para impedir que a cidade caísse em mãos borgonhesas. Em 23 de maio, ela e seus companheiros saíram da cidade e atacaram um pequeno posto borgonhês em Margny. Após algum êxito inicial, o ataque foi repelido e muitos de seus soldados fugiram em retirada. Joana tentou reagrupá-los, mas ficou para trás, e o portão da cidade foi fechado antes que ela pudesse entrar. Cercada por tropas borgonhesas e arrancada de seu cavalo por um arqueiro inglês que a lançou ao chão, e sem outra alternativa a não ser render-se, ela se entregou a Lionel de Wandomme. Seu escudeiro, Jean d'Aulon, e seu irmão, Pierre, também foram capturados. Ela foi rapidamente levada a Margny e mantida sob custódia. Segundo o relato de um cronista de sua época, os ingleses e os borgonheses estavam mais contentes com a captura de Joana do que estariam se tivessem capturado quinhentos soldados armagnacs. Filipe, atraído pela grande novidade, apressou-se em encontrá-la.

Não há registros da conversa.

20

Experiência no deserto
Prisão

Lionel de Wandomme estava a serviço de João de Luxemburgo, senhor de Beaurevoir, e entregou Joana a ele pouco depois de capturá-la. Luxemburgo era pró-borgonhês e estava sendo pago pelos ingleses. Era o representante principal do duque da Borgonha nas negociações realizadas com os conselheiros de Carlos e participou da trapaça de Filipe. Também era um militar experiente que, em numerosas ocasiões, havia saqueado territórios leais a Carlos. Após receber Joana como prisioneira, levantou o cerco da bem defendida e provisionada Compiègne e transferiu Joana para seu castelo, em Beaulieu.

Joana era um prêmio de guerra de valor inestimável, e os ingleses a cobiçavam intensamente. Acreditavam que ela era uma bruxa que havia praticado magia contra eles em batalha e a temiam por razões políticas, já que ela havia se tornado um símbolo do nacionalismo francês capaz de mobilizar o sentimento público em favor de Carlos. No entanto, Luxemburgo não era inglês, e não estava obrigado a entregá-la aos ingleses. Segundo o costume, ele tinha o direito de trocá-la por um ou mais prisioneiros, vendê-la a quem oferecesse o maior lance ou mantê-la sob custódia.

Joana tentou escapar de Beaulieu e foi transferida para Beaurevoir, onde foi tratada com dignidade pela tia idosa de Luxemburgo, Joana de Luxemburgo, e por sua esposa, Joana de Béthune. Em seu julgamento, ela testemunhou que Joana de Luxemburgo pediu ao sobrinho que não a entregasse aos ingleses, mas a anciã faleceu em Avignon, em setembro. Em todo caso, João de Luxemburgo estava vinculado a Filipe da Borgonha por um juramento de lealdade e, portanto, não tinha total liberdade para fazer com Joana o que agradasse a ele ou às mulheres de sua casa.

Durante os meses em que esteve sob custódia de Luxemburgo, os ingleses pressionaram os borgonheses a vendê-la para eles e não devolvê-la mediante resgate aos armagnacs. A Universidade de Paris, firmemente alinhada ao grupo anglo-borgonhês, enviou uma carta ao final de maio solicitando que Joana fosse entregue à Igreja para um julgamento eclesiástico. Pierre Cauchon participou ativamente da pressão sobre os borgonheses e visitou Joana duas vezes na prisão. Cauchon era ex-reitor da Universidade de Paris e atual bispo de Beauvais. Também havia sido bispo de Reims, mas abandonou a cidade e perdeu o bispado quando Reims jurou obediência a Carlos à época de sua coroação. Cauchon tinha fama de ser inteligente, porém severo, e desejava levar Joana a um julgamento presidido por ele.

Não há registros de qualquer oferta de Carlos ou dos armagnacs para resgatar Joana. Mesmo assim, sua venda aos ingleses levou meses para ser concluída. É de se perguntar por que Luxemburgo e os borgonheses hesitaram. Talvez tenha levado tempo para negociar o preço final ou reunir a quantia, ou talvez esperassem que Carlos eventualmente oferecesse mais do que os ingleses. No entanto, o rei enfrentava dificuldades financeiras e, talvez por razões pessoais, permitiu que Joana fosse vendida por 10.000 francos. O dinheiro foi arrecadado por meio de impostos cobrados na Normandia.

Joana ficou profundamente angustiada quando soube que havia sido vendida aos ingleses, e ainda mais perturbada quando ouviu que os cidadãos de Compiègne estavam prestes a ser massacrados após um cerco bem-sucedido. Tentou escapar de sua torre pulando de uma altura de cerca de vinte metros em um fosso seco, e mais tarde testemunhou que preferia morrer do que ser entregue aos ingleses e ver o povo de Compiègne destruído, mas negou qualquer intenção de cometer suicídio. Joana se feriu na queda, mas, em mais uma notável demonstração de suas extraordinárias habilidades físicas, recuperou-se rapidamente. Ela admitiu em seu julgamento que havia errado ao tomar a decisão de saltar e que o havia feito contra a recomendação de suas vozes, que a exortaram a confessar seu pecado e confiar que o povo de Compiègne receberia a ajuda de Deus. O cerco foi levantado em 24 de outubro.

Sob forte escolta, Joana chegou a Rouen em 23 de dezembro. Na Europa, muitos se surpreenderam com o fato de ela ter caído nas mãos dos ingleses, e havia uma crença generalizada de que seria resgatada por Deus e libertada. Desconfiados, os ingleses mantiveram-na acorrentada. O procedimento normal para uma pessoa julgada em um tribunal eclesiástico era confinar o prisioneiro em uma prisão eclesiástica, o que teria sido muito mais confortável do que as acomodações abomináveis que os ingleses providenciaram para Joana. Lá, ela teria sido assistida por padres e religiosas. Porém, Cauchon e os ingleses não lhe permitiriam tal luxo. Joana foi confinada a uma cela escura na torre de um castelo, na fortaleza de Bouvreuil, e era vigiada por soldados impiedosos — homens "do mais baixo escalão" —, três dos quais dormiam em sua cela à noite, enquanto dois permaneciam junto à porta. Ela era mantida com grilhões nas pernas, dormia acorrentada à sua cama e sofria a constante angústia de um possível estupro. Em diversas ocasiões, os guardas a atormentavam cruelmente com ameaças à sua virgindade, a fim de aumentar sua agonia mental.

21

Experiência culminante
Interrogatório e julgamento
O Grande Jogo

Para os ingleses, Joana era uma adversária militar perigosa, e eles a mantiveram como prisioneira de guerra. No entanto, para eles, uma Joana martirizada representava um perigo maior do que uma Joana viva. Assim, buscaram desacreditá-la como herege, blasfema ou bruxa antes de condená-la à morte — um desfecho que jamais esteve em dúvida. Qualquer desgraça que pudesse ser atribuída à Joana também mancharia a reputação de Carlos e desafiaria sua legitimidade como rei.

Para Pierre Cauchon e o corpo docente da Universidade de Paris, Joana era uma perigosa oponente política, a qual não confinariam em uma prisão eclesiástica por medo de que escapasse. Ela era uma fervorosa apoiadora do rei, de quem haviam se afastado, e aliada dos armagnacs, a quem se opunham. Na tentativa de condená-la por acusações que não podiam provar, estavam servindo aos seus próprios interesses políticos e pessoais, bem como aos dos anglo-borgonheses, e não aos interesses da verdadeira Igreja.

Em termos históricos, porém, a questão era mais complicada. A Igreja havia sofrido uma considerável perda de prestígio devido à sua impotência durante o surto da peste e o escândalo do Papado de Avignon e do Cisma do Ocidente. Essa crise de autoridade foi ainda mais agravada pelo surgimento dos reformadores do século XIV. O estudioso John Wycliffe (m. 1384) traduziu a Bíblia para o inglês e a publicou em 1382. Uma versão vernacular da Bíblia significava que qualquer pessoa alfabetizada poderia estudar e interpretar as Escrituras independentemente da autoridade da Igreja. As ideias de Wycliffe foram mais tarde adotadas por Jan Hus, que foi queimado como herege em 1415. Tal episódio provocou uma rebelião entre seus seguidores na Boêmia, o que resultou em uma série de guerras civis entre 1419 e 1434. Os líderes da Igreja também ficaram inquietos com os novos movimentos espirituais que enfatizavam a inspiração pessoal, a revelação privada, a veneração excessiva dos santos e a consciência individual. Além disso, o desencanto das massas no plano secular, que explodiu na Jacquerie, na França, e na Revolta dos Camponeses, na Inglaterra, ameaçava não apenas a autoridade civil, mas também a eclesiástica.

Na época da captura de Joana, a Igreja lutava para sair de uma prolongada crise de credibilidade, e seus líderes exerciam poder para reaver o respeito perdido. Aos olhos de Cauchon e de seus aliados eclesiásticos, Joana e suas vozes eram a personificação da ameaça do populismo religioso à autoridade eclesiástica, uma ameaça que esperavam desacreditar e erradicar. Cauchon gabava-se de como fariam um "belo julgamento", mas deve ter sido desagradavelmente surpreendido pelo real desenrolar dos acontecimentos.

Joana foi submetida a outro exame de virgindade, realizado por Ana da Borgonha, duquesa de Bedford, e novamente passou no teste. Essa informação foi um golpe para Cauchon e os ingleses, assim como o fracasso da investigação de sua vida em Domrémy, que não encontrou qualquer falha ou culpa com a qual pudessem desacreditá-la.[22] Tendo comprovado que Joana era, de fato, virgem e não encontrando nenhuma evidência de heresia ou bruxaria, os juízes não puderam apresentar acusações formais contra ela. Jean Lemaître, frade dominicano e vice-inquisidor, teria sido o clérigo de mais alto escalão no julgamento, mas se recusou a participar, alegando que isso ia contra a sua consciência. Os procedimentos não haviam começado bem para os juízes, mas eles esperavam encontrar um pretexto para condená-la durante seu interrogatório. Bedford e os ingleses o exigiam.

O julgamento teve início em 9 de janeiro. Nunca houve qualquer dúvida sobre qual seria o veredito final, e Joana provavelmente sabia disso, mesmo que nunca tenha perdido a esperança de que algum evento milagroso a salvasse. A trajetória de sua vida a tinha levado a seguir os passos do Senhor da

---

[22] Cauchon demonstrou profundo desagrado com os resultados da investigação em Domrémy.

História, que, 1.400 anos antes, também foi entregue à vontade de um inimigo implacável, que também enfrentou um julgamento fraudulento e sofreu uma morte pública, violenta e injusta. No fim, os Anases e Caifases de sua época e da Dele puderam apoiar-se apenas na interpretação distorcida de suas palavras e em acusações sem fundamento, visto que nenhuma evidência credível jamais foi apresentada para condenar qualquer um dos dois.

A primeira sessão foi realizada na Quarta-feira de Cinzas, 21 de fevereiro. Antes do início do interrogatório propriamente dito, Joana pediu para participar da missa, mas isso lhe foi recusado sob a justificativa da gravidade das acusações contra ela. Cauchon abriu a sessão exigindo que Joana jurasse, com a mão sobre os Evangelhos, que falaria a verdade sobre tudo o que lhe fosse perguntado. Ela se recusou, dizendo que não sabia o que lhe seria pedido e que suas vozes lhe haviam dito para não revelar certos segredos. O assunto foi encerrado quando se chegou a um acordo no qual Joana jurou dizer a verdade acerca de suas crenças religiosas, mas não sobre tudo o que dizia respeito às suas revelações privadas.

Em seguida, pediram-lhe que dissesse seu nome e fizesse um breve relato sobre sua origem familiar e sua cidade natal. Cauchon mandou que ela recitasse o Pai Nosso, e Joana respondeu que o faria apenas se ele ouvisse sua confissão. Isso colocou Cauchon em uma posição desconfortável. Se ele se recusasse a ouvir sua confissão, estaria negligenciando uma responsabilidade ministerial. Se consentisse, deveria observar o sigilo sacramental e estaria obrigado a não revelar o que ela dissesse. A primeira sessão foi um prelúdio do que estava por vir: um duelo de intelectos e vontades entre Joana, que foi privada de um advogado, e Cauchon e seus aliados, que eram teólogos altamente treinados e membros do corpo docente da Universidade de Paris. Contudo, Joana manteve-se tão firme que, posteriormente, Cauchon transferiu o julgamento do salão público do castelo para a privacidade de sua cela.

Entre os cerca de quarenta prelados e doutores em teologia, havia escribas encarregados de registrar as atas. Um deles era Guillaume Manchon, que mais tarde relatou ter sido pressionado a distorcer as palavras de Joana. Ele também testemunhou que um notário estava registrando uma cópia não oficial. As reclamações de Manchon a Cauchon acerca dessas irregularidades apenas lhe renderam uma repreensão furiosa.

O relutante dominicano Jean Lemaître finalmente chegou a Rouen para participar da segunda sessão em 22 de fevereiro, após Cauchon ter enviado cartas ao seu superior religioso, mas foi apenas um participante intermitente durante o restante do julgamento e esteve ausente em grande parte do tempo. Lemaître provavelmente estava irritado com as táticas empregadas pelos interrogadores de Joana. Como não havia evidências de culpa nem crime pelo qual pudessem acusá-la formalmente, os prelados tentaram confundir Joana e desgastá-la fazendo diversas perguntas ao mesmo tempo, às vezes por mais de um interrogador. Era frequentemente interrompida, o que lhe causava grande irritação. Outra tática consistia em fazer-lhe a mesma pergunta em diferentes sessões e depois comparar suas respostas, procurando alguma inconsistência.

Porém, Joana mostrou-se à altura das circunstâncias. Suportou os sofrimentos da prisão inglesa com grande fortaleza e manteve uma notável compostura perante seus juízes eclesiásticos. Estava sempre acorrentada, presa a um pesado bloco de madeira à noite, e constantemente vigiada por ingleses "do mais baixo escalão". Suas vozes lhe disseram para responder com ousadia, e ela respondeu com tal astúcia que os notários foram instruídos a começarem a registrar suas respostas na terceira pessoa em vez da primeira, a fim de diminuir o impacto de suas afirmações. Muitos dos presentes atribuíram a Joana uma memória excepcional e uma sagacidade que estava muito além de sua idade e grau de instrução.

Não encontrando evidências de heresia, blasfêmia ou bruxaria, os juízes a questionaram extensamente sobre o uso de vestimentas masculinas. Ela declarou que se esforçava para obedecer a vontade de Deus em tudo, e que o estilo de suas roupas era um assunto sem importância. Os armagnacs haviam aceitado as vestes masculinas de Joana como uma adaptação prática, já que ela vivia entre homens e frequentemente montava a cavalo. Isso também fazia sentido do ponto de vista religioso, uma vez que ela foi instruída por suas vozes a preservar sua virgindade, e calças eram muito mais eficazes em evitar estupros do que vestidos. Os inquisidores retornavam periodicamente a esse tópico como parte de sua estratégia para confundi-la e fatigá-la.

Joana defendeu-se tão bem nesse e em todos os outros pontos que o julgamento estava se tornando um constrangimento público para Cauchon e seus aliados, além de uma demonstração da coragem e da inteligência de Joana frente à parcialidade e à veemência de seus inimigos. Isso fomentou a simpatia por Joana entre os assessores que não eram aliados de Cauchon. Vários deles criticavam a mão pesada do bispo de Beauvais, e alguns deixaram Rouen discretamente quando se tornou evidente que Cauchon estava disposto a recorrer à violência. Mudando de tática, Cauchon e outros três juízes selecionados começaram a visitar Joana em sua cela, a fim de conduzir o interrogatório de modo privado — uma das muitas irregularidades que foram reveladas durante seu julgamento de reabilitação.

Os interrogatórios privados na cela de Joana continuaram ocorrendo quase diariamente de 10 a 17 de março, mas, apesar do intenso questionamento por múltiplos professores da Universidade de Paris e da ameaça de tortura, nenhuma evidência de culpa pôde ser encontrada nela. Encerrou-se, assim, a fase preliminar do julgamento canônico de Joana, na qual o acusado era interrogado e tinha a oportunidade de se retratar antes que o julgamento ordinário fosse iniciado. Ao longo desse calvário, Joana foi confortada quase diariamente por suas vozes, que diziam que ela seria livrada de seus sofrimentos e que deveria aceitar o martírio com serenidade. Ela supunha que, por martírio, suas vozes referiam-se às dificuldades de seu julgamento e prisão, e continuava a esperar que sua vida pudesse ser poupada por alguma calamidade que a libertaria. Mas suas vozes tinham outra coisa em mente.

A fase seguinte do julgamento teve início em 26 de março. Durante o período de pausa iniciado no dia 17 do mesmo mês, foi redigida uma lista de setenta acusações formais e esta foi lida para Joana em 27 e 28 de março. As palavras de Joana foram deturpadas e muitos dos artigos se baseavam em registros forjados. Alguns dos artigos eram mera invenção. Foi pedido a Joana que respondesse a cada acusação após a leitura, mas ela permaneceu firme nas respostas que havia dado anteriormente. Recusou-se a negar a autenticidade de suas vozes e a origem divina de sua missão. Frustrado e sem provas concretas, Cauchon sabia que a única forma de condená-la era forçá-la a admitir sua culpa. Ele exigiu que Joana se submetesse à sua autoridade e à dos outros prelados reunidos em Rouen como representantes da autoridade da Igreja na terra.

Joana foi novamente interrogada de forma privada em 31 de março. Cada vez mais desesperados e com os ingleses pressionando por uma condenação, seus interrogadores voltaram a exigir que ela se submetesse à autoridade deles e admitisse sua culpabilidade. Ela já havia respondido a essa exigência, durante a fase preliminar, dizendo que se submeteria ao papa se fosse levada até ele, mas isso lhe foi negado. Ela também se defendeu ao insistir que sua primeira responsabilidade era obedecer a vontade de

Deus, o que sempre se esforçou para fazer, e obedecer ao conselho de suas vozes, já que representavam, para ela, a vontade de Deus. A relutância de Joana em submeter-se à vontade de Cauchon e dos outros juízes, admitindo culpabilidade, foi interpretada como uma ofensa contra a autoridade da Igreja.

Entre os dias 2 e 7 de abril, os setenta artigos redigidos contra Joana foram condensados em doze e submetidos aos assessores em Rouen e aos teólogos da Universidade de Paris. Joana adoeceu após comer peixe enviado a ela da mesa de Cauchon. Acreditava que havia sido envenenada e relatou isso aos seus médicos. O bispo de Beauvais pode ter recorrido a meios perniciosos adicionais para enfraquecer Joana, visto que estava sob grande pressão dos ingleses para garantir uma condenação. No entanto, não queriam que ela morresse na prisão. Cauchon visitou-a novamente em 18 de abril, exigindo sua submissão à autoridade dos juízes.

Os teólogos da Universidade de Paris concordaram unanimemente quanto à culpa de Joana, mas nem todos os assessores concordaram em condená-la antes de novas tentativas de convencê-la a submeter-se à autoridade da Igreja. Isso colocou Cauchon em uma posição difícil. Demonstrando mais uma vez sua impressionante força física e mental, Joana se recuperou de sua doença. Em 10 de maio, foi ameaçada de tortura diante de dois carrascos, Maugier Leparmentier e seu assistente. Ela declarou que, mesmo que a despedaçassem, não responderia a mais perguntas nem mudaria nenhuma de suas respostas.

Leparmentier estava presente na ocasião de sua execução, em 30 de maio, e testemunhou o heroísmo de Joana, bem como a compaixão expressa por muitos dos que assistiam, incluindo alguns ingleses.

Em 24 de maio, Cauchon providenciou para que Joana fosse levada ao cemitério da Abadia de Saint-Ouen, onde plataformas foram construídas. Em uma delas, estavam dignatários da Igreja, abades de monastérios locais e seus juízes. Joana foi escoltada até uma plataforma separada, oposta à dos dignatários, e ouviu um sermão pregado por Guillaume Érard, repleto de recriminações que denunciavam seus supostos crimes. Em certo momento, ele denunciou Carlos VII, e Joana o interrompeu para defender o rei, mas ordenaram que se calasse. Quando Érard concluiu, Joana apelou novamente a Deus e ao papa.

Nesse ponto, os relatos das testemunhas divergem. O que está claro é que lhe foi apresentado um documento para que assinasse, contendo uma abjuração. Uma testemunha ocular, Aimond de Macy, disse que Laurence Calot, secretário do rei da Inglaterra, apresentou o documento a Joana e segurou sua mão enquanto ela o assinava com uma cruz. Jean Massieu, que estava na plataforma com ela, forneceu uma versão diferente. Ele testemunhou que Joana não entendeu o documento e pediu que lhe fosse explicado por alguns dos clérigos. Érard simplesmente disse a ela que o assinasse em submissão à Igreja. De acordo com Jean Massieu, o documento tinha cerca de oito linhas e estipulava, entre outras promessas, que Joana não vestiria mais roupas masculinas nem cortaria o cabelo curto, e jamais voltaria a pegar em armas contra os ingleses. Massieu relatou que o documento incluído nos registros oficiais, no entanto, continha quarenta linhas nas quais Joana admitia que suas vozes eram espíritos malignos e que era culpada dos crimes religiosos pelos quais foi acusada.

Também não está claro como Joana esperava ser tratada após ter assinado a abjuração. É provável que pensasse que passaria alguns anos em uma prisão eclesiástica e depois seria autorizada a voltar para casa, a Domrémy, como era o costume para os hereges que se arrependiam. Também obteria permissão para participar da missa e receber os sacramentos durante seu período de encarceramento. Contudo, uma vez assinado o documento, soube que seria mantida em uma prisão inglesa, vigiada por ingleses pelo resto de sua vida, um destino que temia.

Os ingleses estavam indignados com Cauchon e os outros oficiais da Igreja. Haviam pago uma quantia elevada por Joana quando a compraram dos borgonheses e queriam executá-la. Alguns dos nobres ingleses desembainharam suas espadas contra os clérigos, mas um deles assegurou aos ingleses que Joana não escaparia do fim que desejavam para ela.

Cauchon ordenou que Joana fosse levada de volta à sua cela. Deram-lhe um vestido e rasparam-lhe a cabeça, como era o costume para os hereges penitentes. Três dias depois, Joana estava novamente vestindo roupas masculinas. Não temos certeza sobre os acontecimentos desses três dias, mas parece que Joana foi assediada pelos guardas ingleses e teve sua virgindade ameaçada.

Massieu testemunhou que, certa noite, os ingleses lhe tiraram o vestido e lhe deixaram apenas suas roupas masculinas. Não tendo outra opção, Joana começou a usá-las em 27 de maio.

O que quer que tenha ocorrido, Cauchon, Jean Lemaître e diversos outros juízes foram visitá-la na manhã seguinte. Joana disse-lhes que havia voltado a usar roupas masculinas por vontade própria, uma vez que estava vivendo entre homens e porque não havia recebido o que lhe fora prometido: estava confinada em uma prisão inglesa e não em uma prisão eclesiástica, fora mantida acorrentada e não lhe fora permitido receber a comunhão. Disse que somente voltaria a vestir roupas femininas se as promessas fossem cumpridas. Quando questionada sobre suas vozes, declarou que elas a haviam visitado novamente e disseram-lhe que fora um erro assinar a abjuração. Ela reiterou que em nenhum momento teve a intenção de renunciar às suas vozes e acrescentou que fora o medo de ser queimada viva que enfraquecera sua determinação. Estava claro para os juízes que Joana havia recuperado sua confiança e audácia e que ela temia passar o resto de sua vida em uma prisão inglesa.

Cauchon agora tinha o pretexto de que precisava para condená-la como herege reincidente. Em 30 de maio, Joana foi visitada na prisão por dois dominicanos. Martin Ladvenu ouviu sua confissão e informou-lhe que ela seria entregue aos ingleses para execução e queimada na fogueira naquele dia. Joana começou a chorar e a se lamentar em voz alta, arrancando os cabelos e protestando a Deus por ter sido tratada com extrema injustiça.

Lamentou especialmente a dureza e a violência dos guardas ingleses e repreendeu amargamente Cauchon, em sua visita seguinte, por ser o responsável por sua desgraça fatal.

Mais tarde, Jean Massieu relatou que Joana perguntou a Ladvenu, após confessar-se, se poderia receber a Eucaristia. Ladvenu ficou inseguro e enviou um mensageiro a Cauchon para lhe pedir permissão. Em um dos episódios mais surpreendentes do julgamento, Cauchon disse ao mensageiro que a deixasse receber a Eucaristia e lhe concedesse o que desejasse. Permitir que uma herege reincidente e excomungada recebesse a comunhão teria sido um sacrilégio, e o fato de Cauchon o ter permitido coloca em dúvida se ele verdadeiramente acreditava que Joana estava em pecado mortal e era culpada dos crimes pelos quais fora condenada.

22

Deus ex machina
O momento heroico de Joana
Virgem, heroína, mártir, santa

As plataformas foram erguidas novamente no dia seguinte, dessa
vez na Praça do Velho Mercado, onde Joana passaria seus últimos
e dolorosos momentos. Ela foi retirada de sua cela por guardas
ingleses e alguns juízes solidários, colocada em uma carroça que a
aguardava do lado de fora e conduzida pelas ruas de Rouen até o
local da execução. Os espectadores vaiavam e lamentavam o
destino da infeliz, e uma grande multidão se juntou para ouvir
Nicolas Midy pregar um sermão final denunciando Joana. De
acordo com Jean Massieu, havia oitocentos soldados ingleses
armados a postos, prontos para garantir que não haveria resgate
nem fuga.

Ao longo de todo o espetáculo, Joana rezou em voz alta às
suas vozes e ao Deus em quem confiava para salvá-la. Quando
Midy terminou o sermão, Cauchon deu um passo à frente para
anunciar o veredito. Após listar suas supostas ofensas e os meios
que a Igreja havia usado para levá-la ao arrependimento,

pronunciou a pena eclesiástica de excomunhão e entregou-a formalmente aos ingleses para execução. Mais tarde, no julgamento de reabilitação de Joana, foi observado que Cauchon nunca de fato obteve uma sentença de um tribunal secular antes de entregá-la para ser executada, o que configurava uma grave omissão, visto que a Igreja não tinha autoridade para condenar pessoas à morte.

Rapidamente, os guardas a empurraram para o cadafalso e exigiram que o carrasco, Geoffroy Thérage, cumprisse seu dever. Enquanto era acorrentada à estaca, Joana pediu uma cruz. Um inglês que estava por perto fez uma com dois gravetos e a entregou a ela. Beijou a cruz devotamente enquanto proferia orações em voz alta e colocou-a junto ao peito. O Frei Isambart de La Pierre foi até uma igreja próxima e voltou carregando uma cruz, a qual Joana pediu que fosse erguida de modo que pudesse vê-la enquanto queimava. Massieu estava junto a ela no cadafalso e lhe ofereceu apoio e conforto. Finalmente, foi confrontado por um comandante inglês, que perguntou se o frei pretendia mantê-los ali "até a hora do jantar".

Os guardas ingleses, excessivamente impacientes, apressaram os clérigos para que saíssem do cadafalso e pressionaram Thérage a consumar o decreto do bispo e concluir o assunto macabro. Ele hesitou no último instante antes de se aproximar, mas ainda assim obedeceu, cedendo melancolicamente à aparente inevitabilidade do momento — assim como Pilatos havia feito 1.400 anos antes. A lenha ao redor de Joana foi acesa e as chamas crepitavam suavemente enquanto a fumaça se espalhava entre a multidão e acima dela. A lenha havia sido colocada distante da estaca, de modo a tornar sua morte mais dolorosa — uma última demonstração da vingança de seus inimigos. O calor tornava-se mais intenso e a voz sofrida de Joana ainda podia ser ouvida, clara e firme; suas fortes lamentações acompanhando a fumaça que subia aos céus como o incenso de um antigo holocausto hebraico.

"JESUS! . . ."

As chamas se erguiam rapidamente sobre a pira.

"JESUS! . . ."

Muitos dos ingleses emudeceram, já não tão confiantes quanto antes na retidão de sua causa.

"JESUS! . . ."

O burburinho da multidão se aquietou enquanto o povo de Rouen se esforçava para escutar suas palavras derradeiras.

"JESUS! . . ."

As chamas envolveram a desafortunada enquanto o crepitar se transformava em um ruído infernal. Por um momento, Bedford se perguntou como tal execução poderia servir aos interesses ingleses. Cauchon reprimiu um remorso interior que ameaçava romper sua determinação implacável.

"JESUS! . . ."

Muitos dos espectadores tiveram pena, e alguns foram às lágrimas. Mesmo entre a guarda inglesa, corações endurecidos se enterneceram — como às vezes ocorre quando a vida de um dos nossos, nascido de ventre humano, está prestes a se extinguir.

"JESUS! . . ."

Antes que seu fim chegasse, Thérage compreendeu. Não havia condenado esta mulher por nenhum crime, nem a havia torturado por alguma confissão sem sentido. Estava apenas cumprindo seu dever, mas sabia que estavam matando uma santa.

"JESUS! . . ."

. . .Disse a voz uma última vez; sua figura mal se distinguindo em meio ao inferno devorador.

Por fim, sua cabeça tombou, e ela não falou mais.

~

O crepitar das chamas continuava. O silêncio, por sua vez, predominava.

O ato estava consumado. Seus inimigos haviam conseguido o que desejavam. Um senso de desfecho permeava a cena, mas havia pouco sentimento de conquista entre aqueles que um dia acreditaram que ela era sua inimiga. O remorso e o pesar, que antes eram apenas sementes, agora desabrochavam completamente. Mesmo entre os guardas ingleses, havia homens cujos corações foram transformados para sempre.

O ato havia sido consumado em praça pública, à vista de todos — como se a transparência do gesto lhe conferisse alguma justificativa moral.

Nem bruxa, nem blasfema, nem prostituta. Bedford se perguntava o que viria a partir dali.

~

Seus restos mortais foram queimados três vezes. Quando as chamas finalmente se extinguiram, os ingleses recolheram suas cinzas e as lançaram no Sena. Não haveria memorial, nem túmulo, nem lápide, nenhum testamento final para essa jovem heroína de Domrémy, exceto aquele que a história e a Igreja finalmente lhe outorgaram.

23

Vitória e reabilitação
A Guerra dos Cem Anos (1431 a 1453)

Após a morte de Joana, e acreditando terem eliminado uma inimiga perigosa, os ingleses renovaram sua campanha contra Carlos e os armagnacs, sitiando Louviers, que se rendeu em 28 de outubro de 1431. O cunhado de Carlos, o Rei Renato de Anjou, foi feito prisioneiro na Batalha de Bulgnéville, e um exército real foi derrotado nas proximidades de Beauvais e Champagne. Henrique VI, o rei inglês de apenas nove anos, foi levado para ser ungido rei da França na Catedral de Notre-Dame de Paris, no domingo, 16 de dezembro. Estava ausente a ampola sagrada, que permanecia guardada na Abadia de Saint-Rémy, em Reims.

Em 20 de fevereiro de 1432, João de Orleans retomou Chartres e, mais tarde naquele mesmo ano, o duque de Bedford foi obrigado a levantar o cerco de Lagny. Em Chinon, uma tentativa de assassinato contra La Trémoïlle fracassou porque ele estava tão acima do peso que a espada lhe causou apenas um ferimento superficial. Foi preso por um breve período e posteriormente expulso da corte de Carlos. Esse episócio marcou uma mudança na forma como Carlos e seus conselheiros passariam a conduzir seus assuntos internos. Os cidadãos franceses desejavam uma ação militar mais incisiva contra os ingleses, e La Trémoïlle teria que ser substituído.

Não obstante, os esforços diplomáticos entre Carlos e os borgonheses continuaram. Houve um avanço significativo quando a esposa de Bedford, que também era irmã do duque da Borgonha, faleceu em 1432. O forte vínculo entre Bedford e a Borgonha foi dissolvido, e a simpatia de Filipe pela causa inglesa esmoreceu. Negociações de paz entre franceses e borgonheses foram realizadas em Nevers em janeiro de 1435, mas terminaram sem que um tratado fosse firmado. Outra rodada de negociações, que incluiu os ingleses, ocorreu em Arras em agosto, embora os delegados ingleses tenham partido após seis semanas, recusando-se a negociar sobre a Normandia ou a coroa da França. Bedford morreu em Rouen em 12 de setembro, o que deixou um vácuo de poder, já que ele era o regente de Henrique VI na França. Foi substituído por Luís de Luxemburgo, que não possuía as habilidades e a diplomacia de seu predecessor e acabou perdendo a simpatia da população de Paris.

A morte de Bedford encerrou efetivamente a aliança anglo-borgonhesa, pois removeu um importante obstáculo para a reconciliação entre Carlos e Filipe. O Tratado de Arras foi assinado em 21 de setembro, e Filipe reconheceu Carlos como legítimo rei da França. Em troca, Carlos concedeu a Filipe terras adicionais e prometeu que seu representante se desculparia de joelhos perante

Filipe pelo assassinato de João Sem Medo. Também prometeu construir um monumento em homenagem a João.

A guerra civil havia finalmente terminado, e os borgonheses abandonaram a causa inglesa. Ironicamente, a mãe de Carlos, Isabel da Baviera, que apoiou o Tratado de Troyes e negado a legitimidade de Carlos ao trono da França, morreu em 24 de setembro.

Os ingleses consideraram o Tratado de Arras como uma traição de Filipe a Henrique. A maré da guerra se inverteu com mais intensidade contra os ingleses, à medida que levantes populares no norte da França os forçaram a abandonar suas fortalezas remanescentes. Em fevereiro de 1436, forças francesas lideradas pelo condestável Artur de Richemont, que havia substituído La Trémoille na corte de Carlos, sitiaram Paris. Ele foi auxiliado por João de Orleans e pelo borgonhês Villiers de l'Isle Adam. Em 17 de abril de 1436, Richemont adentrou a cidade com a ajuda da população parisiense. Após um breve período de negociação, a guarnição inglesa obteve permissão para deixar a cidade em segurança, mas partiram sob um coro de vaias e gritos de escárnio. Em 1437, Carlos entrou triunfante em Paris, cumprindo assim a previsão de Joana feita em 1429 em Poitiers, de que Paris voltaria a jurar lealdade a Carlos dentro de sete anos.

Outra previsão de Joana se cumpriria em 1440, quando Carlos, duque de Orleans, retornou à França após vinte e cinco anos em um cativeiro inglês relativamente confortável. O ano de 1440 também testemunhou uma conspiração contra Carlos VII, conhecida como Praguerie, liderada por membros descontentes da nobreza, incluindo seu antigo aliado, o duque de Alençon, e os duques de Bourbon e da Bretanha, que invejavam o poder de Richemont. Também estavam envolvidos o duque da Borgonha e o filho de Carlos, Luís, o delfim, que buscava um poder real que Carlos não estava disposto a lhe conferir. Pelo restante de sua vida, o Rei Carlos teria uma relação tumultuada com seu filho ambicioso, e, em 1446, baniu seu herdeiro para o Delfinado. Mais tarde, Carlos exigiu que Luís retornasse à corte, mas Luís se recusou, e acabou por buscar refúgio junto a Filipe em 1456.

Os conflitos entre franceses e ingleses continuaram, embora alguns nobres ingleses, incluindo os duques de Beaufort e de Suffolk, defendessem a paz. Suffolk conseguiu negociar a Trégua de Tours em 1444, que durou dois anos e estipulou que os franceses controlariam o condado de Le Maine e Henrique VI receberia como esposa Margarida de Anjou, filha de Renato de Anjou e sobrinha de Carlos, de dezesseis anos. Casaram-se em fevereiro de 1445 e a jovem foi coroada rainha em maio. Margarida tinha um temperamento forte e era completamente francesa, não apoiando a reinvindicação do rei da Inglaterra ao trono da França. Henrique, em contrapartida, possuía uma mente fraca e um corpo debilitado, e Margarida conseguiu obter certo nível de controle sobre ele. O povo da Inglaterra a desprezava como rainha.

Le Maine foi entregue aos franceses em 1448 e a trégua foi renovada por mais dois anos, estendendo-se até 1450. Em 1449, os ingleses atacaram a fortaleza fronteiriça de Fougéres, o que deu a Carlos um pretexto para uma campanha na Normandia. O rei havia reformado o exército francês ao longo dos anos, transformando-o no primeiro exército permanente totalmente remunerado da Europa. Suas reformas também incluíram o desenvolvimento da artilharia e o treinamento de oficiais especializados nessa área. A campanha francesa na Normandia teve início em julho de 1449, e Carlos adentrou sua capital, Rouen, em novembro, após a população da cidade revoltar-se contra os ingleses. A guarnição inglesa recebeu permissão para sair da cidade em segurança, mas Talbot, seu comandante, permaneceu prisioneiro.

Em 15 de março de 1450, Thomas Kyriell desembarcou em Cherbourg com quatro mil soldados ingleses e marchou para levantar o cerco francês em Bayeux. Foi interceptado pelo conde de Clermont nas proximidades da aldeia de Formigny. Os franceses recusaram-se a atacar, assim como haviam feito em Crécy, Poitiers e Azincourt, e, em vez disso, empregaram sua artilharia. Ao entardecer, Richemont chegou para dar apoio a Clermont, e os reforços ingleses foram destruídos. Tornou-se assim impossível aos ingleses defender a Normandia.

Os reis ingleses haviam desfrutado da posse do influente ducado da Normandia desde 1066, quando Guilherme, o Conquistador, tomou a coroa inglesa de Harold Godwinson na Batalha de Hastings. A conquista normanda da Inglaterra representou uma fonte perene de atritos entre os reis da Inglaterra e da França, e o ano de 1066 pode ser considerado como a origem da Guerra dos Cem Anos. Quase quatrocentos anos depois, o rei francês finalmente livrou-se desse espinho na carne, e Carlos VII foi creditado pela vitória na Guerra dos Cem Anos. O destino de sua contraparte, Henrique VI da Inglaterra, seria bem menos feliz.

Assim que conquistou o controle de Rouen, Carlos chamou seu conselheiro, Guillaume Bouillé, para iniciar uma investigação acerca do julgamento e execução de Joana. A partir de 2 de maio de 1450, os participantes que ainda estavam vivos foram convocados para testemunhar. Entre eles, estavam:

- Guillaume Manchon (notário).
- Pierre Miget (juiz).
- Quatro frades dominicanos: Isambart de La Pierre, Martin Ladvenu (que estavam com Joana no cadafalso), Guillaume Duval e Jean Toutmouillé.
- Jean Massieu (que conduzia Joana de sua cela para o tribunal antes de cada audiência).
- Jean Beaupére (um apoiador de Cauchon).

Entre os que não puderam comparecer ao inquérito, estavam três dos inimigos mais implacáveis de Joana:

- Pierre Cauchon (m. 1442).
- Jean d'Estivet (m. 1438).
- Nicolas Midy (m. 1442).

O processo culminou em uma petição à Santa Sé para um julgamento de reabilitação. Em 7 de novembro de 1455, em uma cerimônia pública organizada por Carlos e seus conselheiros e conduzida na Catedral de Notre-Dame de Paris, Isabelle Romée, a já idosa mãe de Joana, solicitou um julgamento de reabilitação a três representantes do papa. O julgamento foi transferido para o Palácio Episcopal de Rouen e concluído em 7 de julho de 1456 com uma declaração de nulidade.

No período que se passou entre a investigação inicial e o veredito final, os franceses continuaram a pressionar os territórios ainda controlados pelos ingleses na França. Em 1453, Carlos enviou tropas francesas à Guiena e à Gasconha para finalmente expulsar os ingleses da França. A Batalha de Castillon foi travada em 17 de julho, sendo a primeira vez em que a artilharia de campanha foi usada extensivamente no campo de batalha. Era a vez de os ingleses atacarem, e os canhões franceses os dizimaram em massa. Aqueles que não foram mortos, se renderam. A vitória foi decisiva e, após três séculos sob ocupação inglesa, os franceses haviam finalmente recuperado a Gasconha e a Guiena.[23]

Não sabiam na época, mas Castillon marcou o fim da Guerra dos Cem Anos. Apenas Calais permaneceu em mãos inglesas. Em mais uma irônica reviravolta do destino, a Inglaterra logo mergulharia em sua própria guerra civil, a Guerra das Rosas, que perdurou de 1455 a 1485.

---

[23] Naquele mesmo ano de 1453, Constantinopla caiu nas mãos dos turcos otomanos.

Londres

INGLATERRA

Canal da Mancha

FLANDRES

Calais
Azincourt

Crécy

Rouen
Compiègne

NORMANDIA

Rio Sena

Reims Vaucouleurs

BRETANHA

Paris

ANJOU

Patay

Domrémy

Orleans

Rio Loire

Troyes

POITOU

Chinon

BORGONHA

Poitiers

Nevers

1453

Bourges

AQUITÂNIA

Castillon

DELFINADO

Bordeaux

Rio Garona

GUIENA

ARMAGNAC

GASCONHA

Toulouse

LANGUEDOC

Avignon

NAVARRA

Mar
Mediterrâneo

ARAGÃO

SACRO
IMPÉRIO
ROMANO

Conclusão

Os historiadores tentam, com razão, avaliar o sucesso de Joana como comandante militar. Suas conquistas se devem, em grande parte, à sua personalidade dinâmica, à inspiração e ao estímulo moral que ela proporcionava às tropas e à sua determinação inabalável de obedecer às suas vozes. Joana estava em uma missão em todos os sentidos, e nunca deixou margem para ambiguidade quanto à natureza dessa missão.

Após sua contribuição na Batalha de Orleans, os resultados de suas empreitadas militares foram variados. Grande parte do mérito pela vitória decisiva sobre os ingleses se deve a comandantes como João de Orleans, Alençon e La Hire. Sem treinamento nas ciências militares, o repertório de estratégias e táticas de Joana era limitado. Se as cartas e ameaças verbais falhavam em induzir a rendição, sua única alternativa era o ataque implacável. Com seu estandarte em mãos, ela estava frequentemente no meio das tropas ou liderando um ataque. A diplomacia nunca fazia parte dos cálculos de Joana na guerra, o que divergia fortemente da política de Carlos em relação aos borgonheses.

Mas a pergunta permanece: os franceses teriam vencido sem ela? É provável que não. Na época, grande parte das pessoas acreditava que os ingleses estavam à beira da vitória durante o cerco de Orleans. Porém, a chegada repentina e inesperada de Joana renovou as esperanças do desmoralizado exército real, e ela desempenhou um papel indispensável no levantamento do cerco e durante a campanha do Loire. Em sua primeira batalha, em Saint-Loup, ela chegou tardiamente ao campo de batalha, após ter sido despertada de um cochilo por suas vozes. Sua chegada provocou um impacto imediato no moral das tropas e, pela primeira vez durante o cerco de Orleans, os franceses foram capazes de expulsar os ingleses de uma de suas fortificações. A confiança em Joana cresceu de forma constante até alcançar seu apogeu em Reims.

Antes da chegada de Joana, a França não dispunha de ninguém que pudesse dissipar a desesperança que permeava o acampamento armagnac. Ela apelou às convicções religiosas e ao senso de identidade francesa dos soldados como ninguém jamais havia feito. Proporcionou liderança em palavras e ações e incutiu na causa delfinista a confiança de que Deus traria a vitória. Somente ela, entre todas as donzelas, podia assegurar que havia sido enviada por Deus e apresentar resultados tangíveis como prova. Porém, Joana não podia desempenhar o papel de estrategista militar: essa tarefa cabia necessariamente a outros.

Apesar de sua excessiva autoconfiança em certos momentos, ela não estava apta a esse papel.

No entanto, em se tratando de sua verdadeira missão e vocação, Joana foi profundamente exitosa. É notável que tenha conseguido persuadir Baudricourt, em Vaucouleurs, a lhe fornecer uma escolta armada até Chinon e, depois, ser admitida no salão real com nada além de uma carta de recomendação e sua reputação como *la Pucelle* que salvaria a França. Ela reconheceu Carlos em meio à multidão sem jamais tê-lo visto, e quando ele a testou ainda mais, apontando para outro homem que estava por perto e identificando-o como o delfim, ela percebeu seu subterfúgio. Em menos de um mês, Joana conquistou um posto no exército armagnac, ainda que não fosse o comando que pensava merecer. A vitória em Orleans confirmou sua autenticidade e consolidou sua relevância nos eventos geopolíticos de sua época. Seu lugar na história foi garantido permanentemente quando convenceu o delfim a ir até Reims e esteve presente em sua coroação, vestida com armadura.

Os resultados militares variados que se seguiram a Orleans não diminuem em nada o sucesso de sua verdadeira missão e vocação; pelo contrário, o revelam. Sua captura deu início a uma série de eventos que asseguraram que sua vida seria para sempre contada nas páginas da história e na eternidade. Sua canonização foi sua coroação — a vitória final sobre o Sinédrio que a julgou e a entregou à morte. Suas vozes sempre lhe garantiram a libertação, mas ela parecia não ter compreendido o quão grandiosa seria.

~

Joana foi canonizada em 16 de maio de 1920, quase quinhentos anos após seu martírio. Em 17 de maio de 1925 — quase cinco anos depois —, outra santa francesa que morreu jovem também foi canonizada. Suas vidas não poderiam ter sido mais diferentes, ainda que tenham sido marcadas por diversas coincidências irônicas:

- Joana era uma camponesa medieval que viveu no início do século XV, à sombra do terrível século XIV. Teresa Martin pertencia à classe burguesa do século XIX e levava uma vida provinciana em uma Normandia pacífica e próspera.

- Joana era uma entre cinco filhos, nenhum dos quais ingressou na vida religiosa. Teresa era uma entre cinco filhas sobreviventes (outros quatro filhos morreram na infância), todas as quais ingressaram na vida religiosa.

- Acredita-se que Joana nasceu em 6 de janeiro (Epifania). Sabe-se que Teresa nasceu em 2 de janeiro. Teresa nasceu em Alençon, e Joana se tornou grande amiga e camarada de João II, duque de Alençon, a quem chamava de "belo duque".

- Teresa nasceu em 1873, após a Guerra Franco-Prussiana, e faleceu em 1897, durante a escalada militar que levou à Primeira Guerra Mundial, mas a França nunca esteve em guerra durante sua vida. Joana viveu a vida inteira à sombra da guerra, e sua missão demandava que ela participasse de conflitos armados.

- Joana não demonstrava arrependimento por ter deixado sua família e, em seu julgamento, testemunhou que o faria novamente, se Deus a chamasse a isso. Teresa, por outro lado, era profundamente ligada à família. Sua mãe, Zélia Guérin, morreu quando ela tinha quatro anos e meio, e Teresa sofreu um colapso nervoso. Também ficou extremamente angustiada quando suas irmãs saíram de casa para entrar no convento, e, quando Paulina foi embora, Teresa parecia à beira da morte. Mais tarde, como irmã carmelita, ficou profundamente consternada enquanto seu pai, Luís Martin, morria lentamente em 1894.

- Desde a morte de sua mãe até o início da adolescência, Teresa foi extremamente sensível e tímida, e frequentemente sofria de crises de choro. Joana também era propensa a ataques de choro e demonstrava remorso ao ver soldados mortos, mas não era particularmente sensível ou tímida e trocava de roupa habitualmente na frente de soldados do sexo masculino.

- Joana foi chamada por suas vozes ao serviço militar ativo e aos acontecimentos geopolíticos de sua época. Teresa foi chamada a um convento e à vida de monja contemplativa e enclausurada.

- Teresa era respeitosa com a autoridade, frequentemente se dizia "fraca" e "impotente", e referia-se a si mesma como "a Pequena Flor". Joana era jactanciosa, dotada de um espírito aguerrido, dinâmica e autoritária em seu serviço militar, e demonstrava falta de deferência à autoridade, inclusive à autoridade real.

- Como muitos cidadãos franceses de sua época, Teresa via Joana como um símbolo do nacionalismo francês e era devota da santa. Escreveu uma peça sobre Joana e interpretou seu papel em uma apresentação diante de sua comunidade religiosa. Também escreveu diversos poemas sobre Joana.

- Não temos imagens de Joana, mas seus contemporâneos quase não mencionam sua beleza. Os retratos de Teresa mostram que ela era bonita, e seus contemporâneos destacavam sua beleza.

- Joana coroou um rei. Teresa conheceu um papa.

- Joana não era alfabetizada, mas sua história foi registrada nas transcrições de seus dois julgamentos. A superiora religiosa de Teresa, Madre Maria de Gonzaga, pediu-lhe que escrevesse a história de sua vida — obra que viria a se tornar um popular clássico católico, intitulado *História de uma alma*. Foram escritos muitos livros sobre ambas as santas.

- Joana foi martirizada publicamente aos dezenove anos. Seus momentos finais foram cruelmente dolorosos, mas relativamente breves. Teresa morreu aos vinte e quatro anos, em anonimato, vítima de tuberculose. Sua morte foi prolongada e dolorosa porque sua superiora acreditava que religiosas professas deveriam sofrer sem medicações para dor, e ela não permitiu que Teresa recebesse morfina. Sua agonia final durou doze horas.

- Joana se tornou famosa por suas importantes contribuições na Guerra dos Cem Anos e foi nomeada padroeira da França por ocasião de sua canonização.

Teresa se tornou famosa e foi proclamada a trigésima terceira Doutora da Igreja por sua compreensão da "infância espiritual" e pela doutrina de sua "Pequena Via".

- A missão de Joana, em suas próprias palavras, consistia em:

  1. Expulsar os ingleses.

  2. Levar o delfim a Reims para ser coroado rei.

  3. Libertar Carlos, duque de Orleans, do cativeiro na Inglaterra.

  4. Levantar o cerco de Orleans.

- Ao final de sua vida, referindo-se à sua missão, Teresa disse:

  Sinto, sobretudo, que minha missão vai começar, minha missão de fazer amar o Bom Deus como eu o amo, de indicar às almas minha pequena trilha. [...] [Q]uero passar meu Céu a fazer o bem na terra.[24]

Apesar de suas muitas diferenças, Joana e Teresa têm muito em comum, a saber:

- Estavam unidas em sua devoção à vontade de Deus e em sua confiança suprema na Providência.

- Tiveram mães devotas que lhes proporcionaram instrução religiosa.

- Eram virgens.

---

[24] Santa Teresinha do Menino Jesus, *História de uma alma* (São Paulo: Paulus, 2002), 285.

- Foram chamadas a uma missão.

- Tiveram um evento heroico e um momento heroico: Joana em sua missão pública, que culminou em seu martírio; e Teresa em sua enfermidade final, que culminou em uma morte lenta e dolorosa.

- Demonstraram caridade heroica — a principal qualificação exigida de um candidato à santidade (ou seja, o amor a Deus e ao próximo em grau heroico).

- Tornaram-se santas muito amadas e conhecidas.

A comparação anterior entre Joana, a Donzela, e Teresa de Lisieux ilustra o princípio de que santos-heróis podem ser encontrados em todas as esferas da vida, em todas as épocas e em todos os lugares, desde os humildes e desconhecidos até aqueles que se tornam historicamente famosos. À medida que a história de nossa vida vai sendo escrita dia após dia, devemos nos perguntar, à luz dessas histórias de santos-heróis, se estamos em uma busca heroica ou em uma busca tola:

- Nossas prioridades na vida estão corretamente ordenadas?

- Vivemos uma vida virtuosa e permanecemos próximos a Deus na oração?

- Estamos respondendo ao chamado de Deus para viver a história heroica que ele deseja escrever com nossa vida?

- Onde esperamos que termine nossa jornada de vida?

- Qual papel o Senhor da História desempenha na história de nossa vida?

É uma verdade espiritual fundamental que sempre conseguimos o que queremos quando se trata de Deus, mas Deus sempre consegue o que quer quando se trata de nós? Deveríamos nos perguntar, em um momento de silêncio e reflexão diante de Deus: existe maneira melhor de viver a vida senão com a esperança de se tornar santo?

> Verdade é, na leitura de certas histórias de cavalaria, nem sempre sentia, no primeiro instante, a verdade da vida. O Bom Deus, porém, de pronto me fazia intuir que a verdadeira glória é a que dura eternamente, não havendo, para sua consecução, necessidade de realizar obras aparatosas [...] [L]endo a narração dos feitos patrióticos de heroínas francesas, mormente da Venerável JOANA D'ARC, sentia grande desejo de imitá-las. [...] Recebi, então, uma graça que sempre tomei como uma das maiores de minha vida [...] [O Bom Deus] fez-me, outrossim, compreender que *minha* glória característica não apareceria aos olhos dos mortais, mas consistiria em tornar-me grande *Santa*![25]

> – Santa Teresa de Lisieux

---

[25] Santa Teresinha do Menino Jesus, *História de uma alma*, 85-86.

Sobre o autor

O Irmão Emmanuel Labrise, O.S.B., é graduado pela Saint Vincent College, possui um mestrado pela Bowling Green State University e outro pelo Notre Dame Seminary. Monge contemplativo com mais de vinte anos de experiência na vida monástica, passou seis anos como membro da Ordem dos Cartuxos e é monge da Ordem de São Bento desde 2009. Entre outras atribuições, lecionou em um seminário, trabalhou em um programa de formação seminarística e ministrou conferências em uma casa de retiro. Atualmente, vive uma vida eremítica, sendo suas principais atividades a oração, a leitura, a reflexão e a escrita.

Livros do Irmão Emmanuel Labrise, O.S.B.
Série *Um herói é escolhido*
Histórias heroicas dos santos

Livro Um: *Reflexões de um monge incomum: rumo a uma teologia da santidade heroica*
Serve como uma introdução à série e sua base espiritual e moral

Livro Dois: *A missão da Donzela: a história heroica de Joana d'Arc*

    Parte 1:   Contexto histórico
Europa medieval dos séculos XIV e XV; Alta Idade Média; Guerra dos Cem Anos; história da França e da Inglaterra

    Parte 2:   A missão da Donzela
A história heroica de Joana, concentrando-se em sua missão pública (evento heroico) desde o momento em que deixou Domrémy até seu interrogatório, julgamento e execução na fogueira (momento heroico)

Livro Três: *O bom servo de Deus e do rei: a história heroica de Thomas More*

    Parte 1:   Contexto histórico
Europa Renascentista dos séculos XV e XVI; período da Reforma; história da Inglaterra e da Igreja

    Parte 2:   O bom servo de Deus e do rei
A história heroica de Thomas More, concentrando-se em sua dissidência pública do rei Henrique VIII (evento heroico) até sua execução (momento heroico)

Notas e reflexões pessoais:

Notas e reflexões pessoais: